dtv
___
portrait

Herausgegeben von Martin Sulzer-Reichel

Winfried Freund, Prof. Dr. phil., lehrt neuere deutsche Literatur
an der Universität Paderborn. Er veröffentlichte zahlreiche
Monographien und Beiträge zur Gattungsgeschichte, zur
literarischen Phantastik, zur Regionalliteratur und zur Kinder-
und Jugendliteratur sowie zu Annette von Droste-Hülshoff,
Luise Hensel, Friedrich Spee, Matthias Claudius, Christian
Dietrich Grabbe, Theodor Storm, Carl Sternheim
und andere. In dtv portrait erschien von ihm der Band
›Annette von Droste-Hülshoff‹.

Novalis

von Winfried Freund

Deutscher Taschenbuch Verlag

Weitere in der Reihe dtv portrait erschienene Titel
am Ende des Bandes

Originalausgabe
Januar 2001
© Deutscher Taschenbuch Verlag GmbH & Co. KG, München
www.dtv.de
Das Werk ist urheberrechtlich geschützt.
Sämtliche, auch auszugsweise Verwertungen bleiben vorbehalten.
Umschlagkonzept: Balk & Brumshagen
Umschlagbild: Kupferstich von Eichens © AKG, Berlin
Satz und Layout: Agents – Producers – Editors, Overath
Druck und Bindung: APPL, Wemding
Gedruckt auf säurefreiem, chlorfrei gebleichtem Papier
Printed in Germany   ISBN 3-423-31043-X

Inhalt

Kindheit und Jugend zwischen Oberwiederstedt und Lucklum (1772–1787)	7
Weißenfels. Erste dichterische Versuche (1787–1789)	14
Jena. Begegnung mit Schiller (1789–1791)	21
Friedrich Schlegel. Der Beginn einer Freundschaft (1791–1794)	28
Die Braut (1794–1795)	41
Johann Gottlieb Fichte. Eine Begegnung mit Folgen (1795–1796)	51
Sophies Sterben (1796–1797)	59
Einkehr und Studium (1797–1799)	69
Facetten, Fragmente, Phantasien	81
Zwischen Beruf und Berufung (1799–1800)	102
»Gelobt sei uns die ew'ge Nacht«. Letzte Gedichte	116
›Die Lehrlinge zu Sais‹ und ›Heinrich von Ofterdingen‹	130
»Und es ist mir, als würde ich früh weggehen« (1800–1801)	150
Zeittafel	156
Bibliographie	157
Bildnachweis	158
Register	159

1   Novalis (um 1799). Ölgemälde, vermutlich von Franz Gareis. »Kannst Du Dich nicht, wenn Du einmal in Dresden bist, von Gareis für mich malen lassen?« (Friedrich Schlegel am 2. Dezember 1798 an Novalis)

Kindheit und Jugend zwischen Oberwiederstedt und Lucklum

Am 2. Mai 1772 kam Friedrich von Hardenberg, der sich später Novalis nannte, auf dem Gut Oberwiederstedt, einem säkularisierten Dominikanerinnenkloster im Mansfeldischen im damaligen Kursachsen, zur Welt, in einer Region, die seit dem 13. Jahrhundert wegen ihrer bedeutenden Silber- und Kupfervorkommen bekannt war. Das Adelsgeschlecht der Hardenbergs stammte ursprünglich aus dem niedersächsischen Nörten-Hardenberg, 12 Kilometer nördlich von Göttingen. Dort erhielten sie im 13. Jahrhundert das Gut Rode zugesprochen und nannten sich »de novali«, die Neuland Bestellenden. Noch heute zeugt die Burgruine 800 Meter außerhalb des Ortskerns von der einstigen Bedeutung des Geschlechts.

Im 17. Jahrhundert entwickelten sich drei Linien: zwei gräfliche und eine freiherrliche. Berühmtester Vertreter aus der gräf-

2 Ruine Hardenberg bei Nörten-Hardenberg, Stammsitz des niedersächsischen Adelsgeschlechts. Heutiger Zustand

lichen Linie ist der preußische Staatskanzler und Reformer Karl August von Hardenberg (1750–1822). Heinrich Ulrich Erasmus von Hardenberg aus der freiherrlichen Linie (1738–1814), der Vater Friedrichs, übernahm das Gut Oberwiederstedt in der dritten Generation am Ende des Siebenjährigen Kriegs (1756–63). Tief erschüttert vom Tode seiner ersten Frau, die nach kurzer, nicht einmal fünfjähriger Ehe 1769 an den Blattern starb, vollzog sich in ihm ein pietistisches Erweckungserlebnis, begleitet von einem wohl in erster Linie religiös begründeten, schweren Schuld- und Sündenbewußtsein. »Nach einem wüsten, wilden Leben erwachte ich im Frühjahr 1769 durch eine heftige Erschütterung bei dem Tode meiner Frau und empfand eine heftige Unruhe über den Zustand meiner Seele.« In einem schriftlichen Bündnis mit Gott gelobte er Besserung und verpflichtete sich, sein Leben fortan einem strengen sittlichen Wandel zu unterwerfen. Eine konsequent asketische Haltung prägte sein eigenes wie das Leben im Hause, das er in niemals in Frage gestellter Autorität formte und bestimmte.

Im Alter von 32 Jahren heiratete er 1770 die zwanzigjährige Auguste Bernhardine von Bölzig, eine verarmte Adlige aus dem Hause seiner Mutter. Aus der zweiten Ehe gingen elf Kinder hervor, von denen jedoch nur eines die 1818 verstorbene Mutter überlebte. Friedrich, der erstgeborene Sohn, zart und von äu-

3 Heinrich Ulrich Erasmus von Hardenberg (1738–1814), der Vater des Dichters. Gemälde von Anton Graff

4 Bernhardine Auguste von Hardenberg, geborene von Bölzig (1749–1818), die Mutter des Dichters. Nach einer Miniatur

ßerst schwacher Gesundheit, war der Liebling und das Sorgenkind der Mutter, während ihn der Vater anfangs kaum beachtete. Früh fühlte sich Friedrich vom Weiblichen angezogen, von fürsorglicher Zuwendung und der nie ermüdenden Bereitschaft, den anderen um seiner selbst willen zu verstehen und selbstverständlich anzunehmen. In seiner Mutter begegnete ihm reife Herzensbildung, verbunden mit feinsinniger Empfindsamkeit, wie sie sich besonders am Ende des 18. Jahrhunderts ausgeprägt und in den vielgelesenen Dichtungen und Schriften des ›Wandsbecker Boten‹ von Matthias Claudius beispielhaft Gestalt gewonnen hatte.

5 Das Geburtshaus von Novalis auf Schloß Oberwiederstedt

Liebevolle Anerkennung spricht noch 1791 aus den Briefen Friedrichs aus Jena an die Mutter: »Wie viel bin ich Dir nicht schuldig, wie viel tatest, littest Du nicht für mich? ... Welcher Unterricht auf Erden überwiegt die holden, bittenden Lehren einer Mutter von erhabener Denkart, tiefen Blick und sanften, liebevollen Herzen ... Denn wem danken alle Männer beinah, die etwas großes für die Menschheit wagten, Ihre Kräfte; Keinem als ihren Müttern. Du trugst beinah alles zur Entwicklung meiner Kräfte bei ...«

Das Verhältnis zum harten, sittenstrengen Vater war demgegenüber weniger von Liebe als von Ehrerbietung und der schuldigen Achtung bestimmt. Einen Eindruck von der Atmosphäre

An meine Mutter
Zum 5. Oktober 1788

Die mich einst mit Schmerz gebahr,
Doch mit Mutterfreuden
Da ich noch ein Knäblein war
Vieles mußte leiden.

Stets mich doch mit Sorg gepflegt
Und mit Angst und Mühe,
Und mich oft noch huldreich trägt
Siehe wie ich blühe.

Erste Verse von Novalis

im Elternhaus vermittelt eine Erinnerung Ludwig Tiecks an einen Besuch in Weißenfels. Friedrich hatte den bedeutenden frühromantischen Dichter im Sommer 1799 in Jena kennengelernt und ihn im Jahr darauf nach Weißenfels eingeladen, wo die Familie mit den jüngeren Geschwistern seit 1785 lebte. Tieck wurde Zeuge einer heftig vorgetragenen Rede des Vaters im Nebenzimmer. »Was ist vorgefallen? fragte er besorgt einen eintretenden Bedienten. Nichts, erwiderte dieser trocken. Der Herr hält Religionsstunde. Der alte Hardenberg pflegte Andachtsübungen zu leiten und auch die jüngeren Kinder in Dingen des Glaubens zu prüfen, wobei es mitunter stürmisch herging.« Ähnliches wird Friedrich in seiner Kindheit erlebt haben. Doch hat er dem Vater die Strenge und die unnachsichtigen religiösen Erziehungsmaßnahmen niemals übelgenommen. In kaum einem der frühen Briefe an die Mutter versäumt er, auf den »guten« und »vortrefflichen« Vater zu verweisen. Aufrichtiger als in bloßen Floskeln spiegeln sich in solchen Wendungen das von Anerkennung und Verantwortung getragene Familienklima, die respektvolle Würdigung des anderen und das Verständnis für ihn. Familie in der Zeit der Empfindsamkeit war ein gelebtes Ideal, um das sich in den Augen des Sohns auch der Vater bemühte, zumal die Mutter alles tat, die Verbindungen zwischen Vater und Sohn nicht abreißen zu lassen und mit Leben zu erfüllen. In einfühlsamen Gedichten an den Vater bat sie diesen, sein Herz für den Sohn zu öffnen. Sicher verhallten die Bitten angesichts des guten Einvernehmens der Eheleute nicht ungehört.

Konnte doch auch dem Vater der hilfsbedürftige, schwache gesundheitliche Zustand seines ältesten Sohns nicht verborgen bleiben, der sich in dessen neuntem Lebensjahr krisenhaft zuspitzte. Friedrich erkrankte an der Ruhr, fieberte und litt unter krampfartigen Bauchschmerzen und häufigem Erbrechen. Als Folge der Erkrankung, die sich in Zeiten mangelnder Hygiene

Auf den kleinen Fritz zu seinem Geburtstag

Verstand und Klugheit liessen sich
In deinen Augen sehn
In allen deinen Handlungen
Erschien Rechtschaffenheit
Der Gottheit Dienst, dem Wohlergehn
Des Nächsten gantz geweiht.
Verse der Mutter von Novalis, in denen sie versucht, den kränkelnden Sohn innerlich aufzubauen

epidemisch ausbreitete, stellte sich eine allgemeine Erschlaffung der Magenmuskulatur ein. Nach monatelanger, kräfteraubender Bettlägrigkeit und einer langwierigen Therapie erholte sich Friedrich allmählich. Aus dem erfolgreich bestandenen Kampf um Leben und Tod ging ein geistig völlig gewandeltes Kind hervor, das mit lebhafter Neugier und vertiefter Sensibilität seine Welt und sich selbst wahrzunehmen begann. Es schien, als ob der stille, verträumte Knabe wie aus einer Lähmung erwacht wäre.

Unter der Leitung eines Hofmeisters, wie man damals die Hauslehrer und Erzieher der Söhne aus vornehmen Häusern nannte, machte die geistige Entfaltung des nun lernbegierigen und aufnahmebereiten Friedrich rasche Fortschritte. Parallel zu dieser Entwicklung wuchs das Interesse des Vaters an seinem

6 Lucklum, Kirche und Konventgebäude

ältesten Sohn. Wiederholt nahm er ihn mit auf seine Reisen und leitete als ausgewiesener Fachmann für das Bergbauwesen in der Grafschaft Mansfeld erste Berührungen Friedrichs mit dessen späterem Beruf ein. Zweifellos entwickelten sich so Bindungen an den Vater, die ein Leben lang anhielten.

Eine ganz andere Welt als im pflichtstrengen, spartanisch einfachen, pietistischen Elternhaus erschloß sich Friedrich in Schloß Lucklum zwischen Helmstedt und Wolfenbüttel, dem heutigen Rittergut. Dort bekleidete Gottlob Friedrich Wilhelm von Hardenberg, ein älterer Bruder des Vaters, die Stelle eines Landkomturs des Deutschritterordens, betraut mit leitenden und administrativen Aufgaben innerhalb der Kommende. Längst hatte der Orden seine geschichtliche Bedeutung verloren. Weiterhin wirksam aber waren sein reiches kulturelles Vermächtnis und sein von christlicher Humanität geprägtes Menschenbild. Friedrich, der als Zehnjähriger zum ersten Mal Lucklum besuchte und sich dann zwischen 1786/87 für längere Zeit dort aufhielt, genoß die weltoffene und ebenso ungezwungene wie stilvolle Lebensführung der älteren adligen Herren, die in gepflegter Umgebung bei geistreichen Gesprächen ihren Lebensabend gestalteten. Etwas von der Lebenslust des Rokoko bestimmte die Atmosphäre auf dem Schloß, letzte Spuren eines verloschenen Glanzes und einer verlorenen Unbeschwertheit des Daseins. Friedrich erlebte den Lebensraum des Onkels als die andere Seite der Welt, als

7 Gottlob Friedrich Wilhelm von Hardenberg (1728–1800), Landkomtur des Deutschritterordens, der Onkel des Dichters. Ölgemälde

den luxuriösen Gegenpol zum asketischen Elternhaus. »So ergeben mein Vater auch übrigens meinem Onkel war«, erinnerte sich Friedrich später, »so wich er doch von ihm ab und brachte uns durch Beispiel und Reden eine Verachtung des äußeren Glanzes bei. Er ermahnte uns zum Fleiß und zur Genügsamkeit und äußerte seine Freude, wenn wir unserem Herzen folgten, ohne Rücksicht auf die Meinung der Welt zu nehmen.«

Ganz anders, wichtig für die Vervollkommnung seines Welt- und Menschenbildes, begegnete ihm der Onkel, dem er jedoch durchaus nicht unkritisch gegenüberstand. »Meines Onkels Charakter ist unerschütterliche Rechtschaffenheit und die strengste Anhänglichkeit an seine Grundsätze. Sein Verstand hat die Kultur eines alten Weltmanns, aber auch dessen Eingeschränktheit. Von jeher verzog ihn das Glück, Dürftigkeit fühlte er nie.« Entscheidend für den eigenen Lebensweg wurde der Onkel für Friedrich dort, wo dieser die einzigartige, sich in Ansätzen profilierende Persönlichkeit des Neffen zu ahnen begann und in ihm Hoffnungen weckte auf eine bedeutsame geistige Wirksamkeit in der Welt. »Er gab mir von Jugend auf Gelegenheit, meine Eitelkeit zu befriedigen, und versprach sich von meiner Lebhaftigkeit einen glänzenden Erfolg. Er schmeichelte mir mit den angenehmsten Hoffnungen, eine Rolle in der Welt zu spielen.«

Die empfindsame Verständnisbereitschaft der Mutter, die konsequente Orientierung des Vaters am eigenen Herzen und die Weltoffenheit des Onkels prägten den Heranwachsenden nachhaltig, indem sie ihn empfänglich machten für die inneren Werte und Verfaßtheiten wie für die Vielfalt und den Reichtum der äußeren Welt. Mit der Sehnsucht nach Lebenserfüllung ging Friedrich aus der existentiellen Krise der Krankheit hervor, begierig aufzunehmen, was ihm begegnete und worin er sich zu entdecken vermochte, beseelt von dem Wunsch, Geistig-Seelisches und Sinnenhaftes miteinander zur Harmonie zu verschmelzen.

Der kleine Fritz an seinen Vater

Papa, sie will gern bei mir bleiben
Erlaub es ihr
Dies Mädchen kann die Zeit vertreiben
Sie spielt mit mir

Wir wollen miteinander singen
Und fröhlich sein
Ihr Lied ist Wahrheit, was wir singen
Trifft alles ein.

Frühe Verse von Novalis, die auf die Muse der Dichtkunst anspielen

Weißenfels. Erste dichterische Versuche

Das Gut Oberwiederstedt warf kaum genug ab, um die schnell wachsende Familie dauerhaft zu ernähren. Da auch die Einkünfte des Vaters aus seinem Nebenberuf als Berghauptmann der Grafschaft Mansfeld den Mangel nicht ausgleichen konnten, bewarb er sich 1784 um die vergleichsweise gut bezahlte Stelle eines Direktors der kursächsischen Salinen Artern (Salinenstadt seit 1477) und der späteren Solbäder Kösen und Dürrenberg bei Halle. Das neue Amt, das man dem kompetenten Kenner des Bergbauwesens bald übertrug, machte einen Wechsel des Wohnorts erforderlich. Schon im Jahre 1785 bezog die Familie ein stattliches Haus in Weißenfels an der Saale, unweit des Marktplatzes mit seinem barocken Rathaus und der spätgotischen Marienkirche. Das Haus in der Klosterstraße, an das damals ein Klarissinnenkloster angrenzte, gehörte ursprünglich zum herzoglichen Hof. Die prächtige Innenausstattung läßt heute noch die feudale Vergangenheit ahnen.

Weißenfels, wo u. a. der barocke Erzähler Johann Beer gelebt und geschrieben hatte, umgeben von bedeutenden Kulturzentren, bildete fortan den Mittelpunkt im Leben Friedrichs. Im Norden lag die Lutherstadt Eisleben, im besonderen Maße verbunden mit der Reformation, im Nordosten Leipzig, die Stadt der Aufklärung, und im Südwesten Weimar, das Zentrum der deutschen klassischen Literatur und Kultur, sowie Jena, wo die frühromantische Bewegung bedeutende Impulse erhielt. Weiter im Osten lagen die Barockstadt Dresden und Görlitz, die Geburtsstadt des Mystikers und Philosophen Jakob Böhme, der

Weißenfels nimmt einen beachtlichen Platz in der deutschen Kunst- und Kulturgeschichte ein. Der barocke Komponist Heinrich Schütz (1585–1672) verlebte hier seine Jugend und sein Alter. Auf dem Schloß Neu-Augustenburg wirkten im 17. Jahrhundert die Komponisten Johann Sebastian Bach und Georg Philipp Telemann sowie der Romancier Johann Beer (1655–1700). Die bedeutende Novellistin Louise von François (1817–93) lebte und starb hier.

für das Denken Friedrichs von Hardenberg bedeutsam werden sollte. In dem geographisch verhältnismäßig engen Raum, über dessen Grenzen Novalis nie hinausgekommen ist, begegnete ihm die ganze Weite des deutschen Geistes- und Kulturlebens.

Weißenfels selbst bot wenig Anregendes, zumal das Geschlecht der Herzöge von Sachsen-Weißenfels, das im Schloß Neu-Augustenburg über der Stadt residiert hatte, 1746 ausgestorben war. Immerhin aber gab es eine Lateinschule, die Friedrich schon bald nach der Umsiedlung der Familie besuchte. »Er war sehr fleißig«, erinnerte sich sein Bruder Carl, »Lateinisch und Griechisch kannte er schon mit einer gewissen Fertigkeit im zwölften Jahre.« Darüber hinaus galt Friedrichs Interesse insbesondere der Geschichte, nicht zuletzt den Ereignissen und dem Geist des Mittelalters. Früh zeigte sich eine ausgeprägte Neigung für Gedichte und Märchen, die er im Kreise seiner jüngeren Geschwister lebendig und phantasievoll wiederzugeben verstand, indem er manches ausschmückte und vertiefte.

Friedrich war von Anfang an ein ebenso neugieriger wie ein nahezu unbegrenzt aufnahmebereiter Schüler, der bemüht war, das ihm Dargebotene zu durchdringen und sich persönlich anzuverwandeln. Dabei mag er seine schwachen physischen Kräfte mehr als einmal überfordert haben. Auch wenn er die schwere Erkrankung seiner Kindheit überwunden hatte, so blieben doch zeitlebens eine gewisse Anfälligkeit und Kränklichkeit er-

8 Blick auf den Marktplatz von Weißenfels mit dem barocken Rathaus und der spätgotischen Marienkirche

9 Der Novalis-Pavillon in Weißenfels, ehemaliges Gartenhaus der Familie von Hardenberg

halten, denen er erstaunliche geistige Leistungen gleichsam abtrotzte.

Im Zuge der damaligen Schulbildung wechselte Friedrich 1790 auf das renommierte Luther-Gymnasium in Eisleben, das er in den Monaten Juni bis Oktober besuchte. Bei weitem im Vordergrund stand hier das Studium der griechischen und lateinischen Autoren, wobei Friedrich seine gründlichen Kenntnisse in den alten Sprachen zugute kamen. Der Leiter des Gymnasiums, Christian David Jani, selbst ein profunder Kenner der antiken Literatur, vermochte seine Schüler vor allem für Horaz zu begeistern, für dessen Poetik, insbesondere aber für dessen Gedichte. Aus dieser Zeit stammen frühe Übersetzungsversuche einiger Horazischer Oden. Daneben versuchte sich der noch nicht Zwanzigjährige an Vergils ›Georgica‹ und an Vergilschen Eklogen sowie an Homers ›Ilias‹ (Erster Gesang), an Theokrits Idyllen sowie an Pindars Oden. Auffällig an der Wahl der

10 Das alte Luther-Gymnasium in Eisleben, das Novalis besuchte. Nach einer alten Ansichtskarte

Aus dem Jahr 1790 stammt ein **Bücherverzeichnis** von Novalis, in dem er neben Lessing, Goethe und Schiller, die er vornehmlich als Dramatiker versteht, und dem Erzähler Wieland v. a. auf Lyriker der Zeit wie Klopstock, Uz, Gleim, Ramler, Hölty und Bürger verweist.

Übersetzungsvorlagen, sieht man einmal von Homer ab, ist eine Neigung zum Ländlichen und zu natürlichen Lebensverhältnissen. Alle Übersetzungen zeigen ein beachtliches Formtalent und ein Suchen nach dem angemessenen poetischen Ausdruck, der sich allerdings noch mehr wortreich als treffend präsentiert.

Handelt es sich hier im Grunde um artistische literarische Übungen, so lassen die ungefähr seit 1788 zahlreich entstehenden Jugenddichtungen gelegentlich einen höheren Grad an Selbständigkeit erkennen, wenn auch der Gesamteindruck eher konventionell ist. Neben Gedichten stehen Dramatisches und Erzählendes, Versuche in der Verserzählung und in der Fabel. Anregend mag die Begegnung mit dem Sturm-und-Drang-Dichter Gottfried August Bürger gewirkt haben, der 1789 seine Schwester in Langendorf in der Nähe von Weißenfels besuchte. Der persönlichen Begegnung ging ein kleiner Briefwechsel voraus. Auf das Werben Friedrichs um die Freundschaft des älteren Dichters antwortete dieser freundlich. »Ein Brief ward mir«, jubelte der Jüngere, »von jener Hand geschrieben, die einst *Lenoren* schrieb und mit Homerus rang.« Gemeint ist die ›Ilias‹-Übersetzung Bürgers und seine ›Lenore‹, die die Tradition der Kunstballade entscheidend mitbegründete.

Der junge Friedrich von Hardenberg war wohl bewandert in der Literatur seiner Zeit. Vertraut waren ihm sowohl die Schäferpoesie und die idyllischen Dichtungen des Rokoko sowie die vom vaterländischen Schwung getragenen Bardengesänge, die ihren literarischen Höhepunkt in Klopstocks Gedichten wie ›Thuiskon‹ und ›Unsre Sprache‹ erreicht hatten. Kaum mehr als geschickte Nachahmungen der populären Bardendichtung sind Gedichte wie ›Der Harz‹ (1788) und ›Bei dem Falkenstein‹ (1788),

---

Wie selig war die Zeit der Knabenspiele (1790)

Wie selig war die Zeit der Knabenspiele
Als Kummer noch nicht nächtlich mich umschlang;
Und harmlos ich mit glücklichem Gefühle
Für Gegenwart durch Thal und Wiesen sprang

Und flink und froh ich zum gewählten Ziele
Den Wurfpfeil warf und nach dem Kranze rang
Noch honigsüß sind die Erinnerungen
Und Wunder! daß ich sie noch nie besungen.
        Novalis ahmt hier die kunstvolle Strophenform der Oktave nach.

wo »voll höheren Sinn Tuiscons Enkel begeistert/Lauschten der Stimme des Vaterlandes«. Bemerkenswert ist, daß Friedrich hier den Hintergrund der Region wählt, aus dem das Geschlecht der Hardenbergs ursprünglich stammte.

Von verspielter Frivolität im Stil des Rokoko ist die kleine Schäferszene ›Ich weiß nicht was‹ (1788/89) mit dem Pärchen Lisettchen und Filidor:

> »Dann gingen beide fort, er und sie
> Und lagerten sich hier
> Im hohen Gras
> Und triebens frei in Scherz und Spaß;
> Er spielte viel mit ihr
> Ich weiß nicht wie.«

Dem empfindsamen Ton nachempfunden sind Gedichte wie ›Morgenlied‹ (1788/89), ›Die Erlen‹ (1789) und ›Natur‹ (1789). In Anklang an Christoph Ludwig Hölty, dessen Gedichte schon früh Eingang in Friedrichs Lektüre fanden, gewinnt ein idyllisches Ambiente Gestalt, in dem sich die Blumen und die Mädchen zu einem heiteren Reigen vereinigen. Angenehm berührt nach dem geliehenen Pathos der Bardengedichte der einfühlsame liedhafte Ausdruck, der dem jungen Dichter ohnehin angemessener war und ihm zweifellos auch überzeugender gelang. Von beschwingter Leichtigkeit ist das Gesellschaftslied vom ›Burgunderwein‹ (1788/89), in dem der knapp Siebzehnjährige in launiger Anspielung auf das ›Rheinweinlied‹ von Matthias Claudius das Lob des Burgunders anstimmt.

Zumindest thematisch wird der Dichter Novalis dort erkennbar, wo er tiefere existentielle Fragen berührt. Im Gedicht ›An den Tod‹ (1789) klingt bereits eines der beherrschenden Themen seiner späteren Dichtungen an. Der Tod erscheint in romanti-

11 Gottfried August Bürger (1747–94). Aquarell von Johann Dominikus Fiorillo, um 1789

scher Auffassung als Befreiung von dem engen, endlichen Leben und als Tor zu einem unendlichen Dasein:

»So werd ich mich freuen wenn du einst holder
Todesengel meine geengte Seele
Zu dem selgen Anschaun Jehovas durch die
Trennung vom Körper beflügelst.«

Bemerkenswert sind die sprachliche Disziplin und das Bemühen um den treffsicheren Ausdruck, und das um so mehr, als der junge Novalis dazu neigte, sich von seiner reichen Sprachbegabung verführen zu lassen, und so die geforderte pointierte lyrische Aussage allein schon durch den unangemessenen verbalen Aufwand verfehlt wurde. Aufschlußreich für die Bestimmung des eigenen, früh geahnten Standorts sind die im Herbst 1789 entstandenen Widmungsgedichte an August Wilhelm Schlegel, den er erst später persönlich kennenlernte. Der fünf Jahre ältere Schriftsteller und Dichter der romantischen Bewegung ist für Novalis »der jüngsten Muse Sohn«, einer Muse, die auch für ihn, für sein Selbstverständnis immer mehr an Bedeutung gewann und der er sich geistig zugehörig fühlte. »Auch ich empfand in Ahndungen verloren/Das leise Wehn von manchem Geisterkuß …« Nur die Ahnung und die Sehnsucht erschließen das romantische Reich, die geistige Heimat des Dichters, jenseits der engen, bedrückenden Alltagswirklichkeit.

Die Jugendarbeiten Friedrich von Hardenbergs sind überwiegend Stilübungen eines nach seinen individuellen Ausdrucksmöglichkeiten tastenden jungen Dichters, der sich seiner inneren Berufung sicher ist. Die aufgegriffenen überkommenen und zeitgenössischen Stile ermöglichten ihm, die eigene Sprache und das eigene Vermögen zur Stilisierung zu erproben. Weniger die Aussage war dabei entscheidend als die Schulung der sprach-

Der Bär
Wohin, Gevatter Bär? sprach ein Wolf zu einem wandernden Bären –
Ich suche eine andere Wohnung, antwortete er. –
Du hattest ja eine schöne, geräumige Höhle, warum verläßt du sie? –
Der Löwe machte Ansprüche an dieselbe, und ging an den Senat der Thiere. –
Da brauchtest du dich nicht zu fürchten, du hattest ja eine gerechte Sache. –
Gegen Könige ist jede Sache ungerecht, Gevatter Wolf.
Novalis, ›Fabel‹, 1789

lichen Formung und Gestaltung. Gelegentlich aber weist die Themenwahl bereits auf den Dichter Novalis voraus. Fragen nach dem Tod, der Auferstehung und dem Göttlichen bedrängten unübersehbar schon den Jugendlichen.

Daneben ist aufschlußreich, daß der junge Friedrich von Hardenberg früh begann, seinen Platz innerhalb der literarischen Bewegungen seiner Zeit zu verorten. Bei aller Verehrung für den älteren Gottfried August Bürger war ihm als Angehörigen der jüngeren Generation die Literatur wichtig, die man mit den Namen Tieck und Schlegel verband. Bezeichnend ist in diesem Zusammenhang, daß schon seine Jugendarbeiten kein unmittelbar gesellschafts- und geschichtskritisches Engagement erkennen lassen, wie es für die Stürmer und Dränger noch charakteristisch gewesen war und wie es im Zeitalter der Revolution nahegelegen hätte. Poesie und Phantasie verdrängten im Gefolge der romantischen Bewegung bereits bei dem angehenden Dichter das direkte Engagement für die sozialhistorische und politische Wirklichkeit sowie für den Alltag der Bürger.

Früh fiel die Entscheidung für die Kunst gegen den Wunsch des Vaters, der den Sohn gern als kursächsischen Staatsdiener gesehen hätte. Abhalten von seiner Entscheidung konnte ihn auch der Onkel in Lucklum nicht, auch wenn er gerade mit Blick auf diesen das Lächerliche der Existenz eines bloßen Schöngeistes gefühlt haben mag: »Und wenn ich auch im Gefühl dieser Lächerlichkeit mich wohl in acht nahm, meine Vorliebe blicken zu lassen, so konnte ich doch im stillen nicht unterlassen, diese reizenden Beschäftigungen zu verfolgen.«

12 Der Collegienhof des Collegium Jenense in Jena

Jena. Begegnung mit Schiller

Als folgsamer Sohn schrieb sich Friedrich auf Drängen des Vaters am 23. Oktober 1790 als Student der Rechtswissenschaft an der Universität Jena ein. Jena, mit seinen damals knapp 5000 Einwohnern eher eine Kleinstadt, besaß seit 1558 eine Universität, die sich unter Herzog Karl August von Sachsen-Weimar zu einem geistigen Zentrum Deutschlands profilierte. Die Veranstaltungen fanden im Collegium Jenense statt, einem während der Reformation verwaisten Dominikanerkloster. Bedeutend und von allgemeinem Interesse waren die geistes- und humanwissenschaftlichen Aktivitäten an der damals wohl angesehensten Universität im mitteldeutschen Raum, die bereits Johann Joachim Winckelmann (1741/42), Friedrich Gottlieb Klopstock (1745/46) und Matthias Claudius (1759/63) angezogen hatte.

Der neunzehnjährige, frischgebackene Student Friedrich von Hardenberg kümmerte sich von vornherein wenig um die Jurisprudenz und ein berufsbezogenes Studium. Statt dessen besuchte er die Kollegs des aus Wien stammenden Philosophen Carl Leonhard Reinhold (1758–1823), der 1786/87 mit den ›Briefen über die Kantsche Philosophie‹ hervorgetreten war. Im Jahre 1787 als Professor der Philosophie nach Jena berufen, legte er mit seinen vielbeachteten Kant-Vorlesungen die Grundlagen für die Philosophie des klassischen deutschen Idealismus.

Faszinierender noch für Friedrich war seine Begegnung mit dem jugendlichen, einunddreißigjährigen Friedrich Schiller, dem

> Bin auch auf Unverstädten gewesen, und hab' auch studiert. Ne, studiert hab' ich nicht, aber auf Unverstädten bin ich gewesen, und weiß von allem Bescheid. Ich ward von ohngefähr mit einigen Studenten bekannt, und die haben mir die ganze Unverstädt gewiesen, und mich allenthalben mit hingenommen, auch ins Kollegium. Da sitzen die Herren Studenten alle neben 'nander auf Bänken wie in der Kirch und am Fenster steht eine Hittsche, darauf sitzt 'n Professor oder so etwas, und führt über dies und das allerlei Reden, und das heißen sie dann dozieren.
> *Matthias Claudius über sein Studium an der Universität Jena*

C.L. REINHOLD.

außerordentlichen, allerdings unbesoldeten Professor für Geschichte und Philosophie, dessen Berufung durch die Vermittlung Goethes erfolgt war. Am 16. Mai 1789 hatte Schiller seine berühmte Antrittsvorlesung ›Was heißt und zu welchem Ende studiert man Universalgeschichte?‹ gehalten. Im Wintersemester 1790/91 hörte Friedrich bei ihm die Vorlesungen über die europäische Staatengeschichte und über die Geschichte der Kreuzzüge. »Ich kannte ihn und er war mein Freund«, erinnerte sich Novalis später. »Wie lebendig wird mir das Andenken an die Stunden, da ich ihn sah; besonders an die, da ich ihn zum erstenmal sah, ihn, das Traumbild der seligsten Stunden meines Knabenalters, ... und ich mit meinem Ideal in der Fantasie vor

Schiller trat und mein Ideal weit übertroffen erblickte. Sein Blick warf mich nieder in den Staub und richtete mich wieder auf.«

Bereits Anfang 1790 hatte Novalis eine ›Apologie von Friedrich Schiller‹ verfaßt, in der er den Dichter gegen den Vorwurf verteidigte, er habe in seinem Gedicht ›Die Götter Griechenlands‹ (1788) den christlichen Monotheismus durch seine Begeisterung für die antike Vielgötterei herabgesetzt. Engagiert nahm er Schiller in Schutz vor dem Vorwurf des Atheismus, indem er die Bereitschaft zu einem freien, unparteiischen Verstehen anmahnte.

Schillers Gedicht wurde dem jungen Novalis zum Anstoß, sich seines eigenen Empfindens und Dichtens bewußter zu werden. Im April 1791 erschien in Wielands ›Teutschem Merkur‹ seine erste Veröffentlichung, ›Klagen eines Jünglings‹: ein Gedicht, das Wieland den »anmutigen Gesang einer jungen Muse« nannte. Mit seinem fünfhebigen Vers im trochäischen Tonfall und seiner achtzeiligen Strophe ist das Gedicht mit Schillers Vorlage ›Die Götter Griechenlands‹ formal weitgehend identisch. Nur die abschließende Zeile weicht rhythmisch durch die Realisierung der vierten Hebung vom Original ab. Thematisch ergeben sich insofern Übereinstimmungen, als sowohl Schiller als auch Novalis über das Heitere und Unbeschwerte des menschlichen Daseins handeln. Während Schiller aber in elegischer Geste den Rückzug der Götter beklagt (»Schöne Welt, wo bist du? – Kehre wieder,/Holdes Blütenalter der Natur!«), ist

▼ 13 Carl Leonhard Reinhold (1758–1825). Kupferstich von J. Chr. Gottschick

15 Jugendbildnis von Novalis

◄ 14 Friedrich Schiller am 26. Mai 1789 auf dem Weg zur Antrittsvorlesung. Ölgemälde von Erich Kuithan, 1909/10

für Novalis gerade das unbeschwert empfundene eigene Dasein mehr eine Last als eine Lust:

> »Weibisch hat das Schicksal mich erzogen,
> nicht sein Liebling, nur sein Sklav bin ich;
> Amor hat mich schmeichlerisch umflogen
> statt der Sorge, die mir stets entwich.«

In seinem Brief an Schiller vom 7. Oktober 1791 kommt Novalis auf Schillers vernichtende Rezension (1791) der Gedichte Bürgers zu sprechen, in denen der Rezensent den Geist vermißt, »der, eingeweiht in die Mysterien des Schönen, Edeln und Wahren, zu dem Volke bildend hernieder steigt«, um statt dessen den Affekten und Leidenschaften des Volkes die Stimme des Dichters zu leihen. Novalis glaubte sich in seinem Brief seinerzeit noch einig mit dem klassischen Dichter und dessen Eintreten für die »moralische Schönheit«. In Wahrheit aber, wenn man die ›Klagen eines Jünglings‹ genauer liest, war für Novalis weniger der auf das Allgemeingültige gerichtete Ausdruck entscheidend als die zunehmende Erkenntnis des eigenen Selbst, des unverwechselbaren individuellen Profils, das den Romantikern am Herzen lag mit ihrem Streben, immer mehr von dem zu sein, was im einzelnen angelegt ist. Romantische Poesie entspringt nicht dem Streben nach dem idealen Entwurf einer Harmonie, deren Glanz noch in der elegisch getönten Erinnerung zurückgerufen werden kann, sondern dem Bewußtsein einer zutiefst disharmonischen, an sich selbst leidenden Gegenwart, die es in der poetischen Phantasie zu überwinden gilt. Erst die als ganz und gar ungenügend empfundene Wirklichkeit fordert das alle Grenzen sprengende romantische Dichten heraus. Aus der Gewißheit eines schlimmen Schicksals erwächst die geistige Schöpferkraft. Die Schicksalsgöttin aber, die den »Erdensohn«

Klagen eines Jünglings.

Nimmer schwanden undankbar die Freuden
traumgleich mit in öde Fernen hin;
Jede färbte, lieblicher im Scheiden,
mit Erinnrung meinen trunknen Sinn;
Mit Erinnrung, die, statt zu ermüden,
neue, heilge Wonne mir entschloß,
und mir süßen jugendlichen Frieden

16 Die erste Publikation von Novalis. ›Teutscher Merkur‹, April 1791, erste Strophe

in einen »Zauberschwindel« der Erfüllung einhüllt, droht ihn, von seiner eigentlichen geistigen Heimat abzuwenden.

»O! so nimm, was Tausende begehrten,
was mir üppig deine Milde lieh,
gib mir Sorgen, Elend und Beschwerden,
und dafür dem Geiste Energie.«

Während des Wintersemesters, im Januar 1791, erkrankte Schiller an einer schweren Lungenentzündung, verbunden mit einem quälenden, kruppartigen Husten. Frühe Entbehrungen und ständige Überarbeitung hatten die Widerstandskräfte aufgezehrt. Der Zustand des schwer Erkrankten ließ das Schlimmste befürchten. Viele seiner Studenten, unter ihnen auch Friedrich von Hardenberg, übernahmen Pflegeaufgaben und hielten Nachtwachen bei dem »edlen Dulder«. In dieser Zeit entwickelte sich endgültig ein vertrautes Verhältnis des Studenten und angehenden Dichters mit dem Dichter des ›Don Carlos‹. Schiller hatte zu dieser Zeit längst die klassische Wende vollzogen, und in Jena formte sich sein philosophisch-historisches Weltbild zur abschließenden Einheit. Insofern wundert es nicht, wenn Novalis weder in seinem Brief an Reinhold, in dem er ausführlich auf Schiller zu sprechen kommt, noch in seinem Brief

17 Friedrich Schiller (1759–1805).
Ölgemälde aus der Jenaer Zeit,
1789–99

an Schiller selbst die Sturm-und-Drang-Werke erwähnt. Für ihn war Schiller weniger der Verfasser der ›Räuber‹ als der herausragende Vertreter der führenden deutschen Literatur, die sich entschieden vom Sturm und Drang absetzte, die Novalis bewunderte, von der er sich aber auch gleichzeitig, ihm selbst nicht einmal voll bewußt, innerlich zu distanzieren begann.

Noch im Jahre 1791 kam es zu einem persönlichen Gespräch mit dem verehrten akademischen Lehrer in Rudolstadt. Auslöser war ein Brief des ehemaligen Hofmeisters Schmidt, der sich auf Bitten des Vaters an Schiller gewendet hatte, auf den Sohn positiv einzuwirken, zumal Friedrich sein eigentliches Brotstudium offensichtlich ganz und gar vernachlässigte. Man wußte im Hause Hardenberg um das Vertrauen Friedrichs zu dem schwärmerisch umworbenen Dichter und Gelehrten und erhoffte sich von einem Zuspruch von dessen Seite einen günstigen Gesinnungswandel.

In der Tat reagierte Friedrich auf das Gespräch mit dem wieder genesenen Schiller voller Begeisterung und spontaner Zustimmung. »Ein Wort von Ihnen wirkte mehr auf mich als die wiederholten Ermahnungen und Belehrungen anderer«, schrieb er Schiller am 22. September 1791. »Es entzündete tausend andere Funken in mir und ward mir nützlicher und hülfreicher zu meiner Bildung und Denkungsart als die gründlichsten Deduktionen und Beweisgründe.«

Nach einem knappen Jahr verließ Friedrich Jena, um seine Studien in Leipzig fortzusetzen. In seinem Brief an seinen Philosophieprofessor Reinhold schrieb er am 5. Oktober: »Ich werde

---

Der Spaziergang

Sei mir gegrüßt, mein Berg mit dem rötlich strahlenden Gipfel!
Sei mir, Sonne, gegrüßt, die ihn so lieblich bescheint!
…
Unabsehbar ergießt sich vor meinen Blicken die Ferne,
Und ein blaues Gebirg endigt im Dufte die Welt.
Tief an des Berges Fuß, der gählings unter mir abstürzt,
Wallet des grünlichten Stroms fließender Spiegel vorbei.
Endlos unter mir seh' ich den Äther, über mir endlos,
Blicke mit Schwindeln hinauf, blicke mit Schaudern hinab.
Aber zwischen der ewigen Höh' und der ewigen Tiefe
Trägt ein geländerter Steig sicher den Wandrer dahin.

Friedrich Schiller, ›Der Spaziergang‹, 1795,
inspiriert von der Landschaft um Jena

in drei Wochen nach Leipzig abgehn, und nach einer gänzlich veränderten Lebensordnung zu leben dort anfangen. Jurisprudenz, Mathematik und Philosophie sollen die drei Wissenschaften sein, denen ich diesen Winter mich mit Leib und Seele ergeben will und im strengsten Sinne ergeben. Ich muß mehr Festigkeit, mehr Bestimmtheit, mehr Plan, mehr Zweck mir zu erringen suchen ... Seelenfasten in Absicht der schönen Wissenschaften und gewissenhafte Enthaltsamkeit von allem zweckwidrigen habe ich mir zum strengsten Gesetz gemacht.«

18 Studentenabschied. Jenaer studentisches Stammbuchblatt aus dem 18. Jahrhundert

Friedrich Schlegel.
Der Beginn einer Freundschaft

»Er war lang, schlank und eine hektische Konstitution sprach sich nur zu deutlich aus. Sein Gesicht schwebt mir vor als dunkel gefärbt und brünett. Seine feinen Lippen, zuweilen ironisch lächelnd, für gewöhnlich ernst, zeigten die größte Milde und Freundlichkeit. Aber vor allem lag in seinen tiefen Augen eine ätherische Glut.«

Das Portrait aus der Feder des norwegischen Naturforschers und Naturphilosophen Henrik Steffens (1773–1845), gezeichnet nach späteren Begegnungen, dürfte ein Bild vermitteln von dem inzwischen erwachsenen Friedrich von Hardenberg, der sich am 24. Oktober 1791 an der Universität Leipzig immatrikulierte. Die bedeutende sächsische Metropole, für ihre Messen ebenso berühmt wie für ihr exquisites Kulturleben, von den Zeitgenossen bewundernd »Klein-Paris« genannt, brachte den im ländlichen und kleinstädtischen Milieu Aufgewachsenen zum ersten Mal in Berührung mit einem ausgesprochen urbanen Lebensklima. »Courtoisie«, galante, fein gebildete Lebensart, prägte das Verhalten in einer Stadt, in der Johann Sebastian Bach seit 1723 bis zu seinem Tode 1750 als Thomaskantor gewirkt und Johann Christoph Gottsched, seit 1729 Professor für Poesie, die literarischen Richtlinien der deutschen Aufklärung bestimmt hatte. Im Jahre 1764 wurde die einflußreiche Kunstakademie gegründet, zwei Jahre darauf ein neues Theater erbaut. Goethe hatte 1768 in Leipzig bei Gottsched und dem Rhetorik-Professor und empfindsamen Dichter Christian Fürchtegott Gellert (1715–69) studiert und später »Auerbachs Keller«, die traditionelle Leipziger

---

An der **Leipziger Universität** lehrten zur Zeit von Novalis u. a. der Altphilologe Christian Daniel Beck, der Philosoph und Kantianer Karl Heinrich Heydenreich sowie der Physiologe Ernst Platner. 1798 beschäftigte sich Novalis mit Platners ›Anthropologie für Ärzte und Weltweise‹ (1772).

Weinschänke, in seinem ›Faust‹ weit über die Landesgrenzen hinaus berühmt gemacht.

Wie in Jena, wo Novalis nach der dort herrschenden Mode oft den Paukboden aufgesucht und sich geschlagen hatte, so genoß er auch in Leipzig das Studentenleben in vollen Zügen. Sein offenes Wesen, seine Begeisterungsfähigkeit und seine Gabe, auf andere zuzugehen und sie für sich einzunehmen, ließen ihn schnell Bekannte und Freunde finden. Bereits im Januar 1792 lernte er den fast gleichaltrigen Friedrich Schlegel kennen, den Neffen des aufklärerischen Dramatikers Johann Elias Schlegel und den Bruder des späteren Shakespeare-Übersetzers August Wilhelm.

Friedrich Schlegel hatte ein halbes Jahr vor Novalis seine Studien der Philologie, Altphilologie und Kunstgeschichte in Leipzig aufgenommen. Seinem Bruder August Wilhelm schreibt er über den neugewonnenen Freund: »Das Schicksal hat einen jungen Mann in meine Hand gegeben, aus dem alles werden

19 Der Augustusplatz in Leipzig
mit der ehemaligen Universität

kann ... Ein noch sehr junger Mensch von schlanker guter Bildung, sehr feinem Gesicht mit schwarzen Augen von herrlichem Ausdruck, wenn er mit Feuer von etwas Schönem redet ... Das Studium der Philosophie hat ihm üppige Leichtigkeit gegeben, schöne philosophische Gedanken zu bilden – er geht nicht auf das Wahre, sondern auf das Schöne ... Mit wildem Feuer trug er mir einer der ersten Abende seine Meinung vor – es sei gar nichts Böses in der Welt – und alles nahe sich wieder dem goldenen Zeitalter ... Er ist sehr fröhlich, sehr weich und nimmt für itzt noch jede Form an, die ihm aufgedrückt wird.«

Novalis, im Gefühl, einen Geistes- und Seelenverwandten gefunden zu haben, eröffnete dem Gleichaltrigen spontan Einblick in seine dichterischen Versuche, nicht ohne aufrichtige Bewunderung bei Schlegel hervorzurufen, der in dem jungen Mann den künftigen großen Dichter sah. Aber Schlegel, der bald zu einem der führenden Köpfe der romantischen Bewegung werden sollte, verschloß auch nicht die Augen vor den Schattensei-

20 Auerbachs Keller in Leipzig in
seiner ursprünglichen Gestalt

ten eines Charakters, in dem sich eine fast narzißtische Eigenliebe mit phantastischen Träumereien und einem genialen Spieltrieb mischten. »Auch sah ich immer deutlicher«, schreibt Friedrich Schlegel seinem Bruder, »daß er der Freundschaft nicht fähig und in seiner Seele nichts als Eigennutz und Phantastereien sei. Ich sagte ihm einmal: Sie sind mir bald liebenswürdig, bald verächtlich.« Immer wieder hebt er das Haltlose, das unendlich Nachgiebige und Unernste bei Novalis hervor, das, was er »die Schwäche seines Herzens« nennt. »Sie wird ewig bleiben und ewig mit schönen Talenten spielen, wie ein Kind mit Karten.«

Niemand hat Novalis wohl so tief in die Seele geschaut wie sein neugewonnener Freund, mit dem zusammen er der Romantik entscheidende Impulse geben, ja sie gleichsam erst ins Leben rufen sollte. Novalis verkörperte in seiner Person beispielhaft den Typus des jungen romantischen Menschen, der in Abkehr von allem philiströs Engen und bürgerlich Nützlichen sich nur seinem unendlich entwicklungsfähigen Selbst, seiner schöpferischen Phantasie verpflichtet fühlte. Im leidenschaftlichen Engagement für alles Schöne schien sich in Novalis das Unbewußte zu offenbaren, das für die Romantiker später die Quelle alles Lebendigen sein sollte, die auch das Einzelleben in seiner eigentümlichen Prägung speist.

So sehr sich aber auch das Profil einer schöpferischen Persönlichkeit abzuzeichnen begann, so gering war offenbar die Ausbeute des Studiums. Obwohl Novalis in seinem Brief vom Februar 1793 dem Vater beteuert, bis Weihnachten 1792 fleißig gewesen zu sein, so lassen sich doch kaum Spuren eines solch behaupteten Fleißes erkennen. Überhaupt fehlen konkrete Nachrichten über besuchte Kollegs und akademische Aktivitäten weitgehend. Größeren

21 Der junge Friedrich Schlegel. Kreidezeichnung von Caroline Rehberg, um 1794

Einfluß auf ihn hatte wohl Carl Friedrich Hindenburg, der in Leipzig Mathematik und Physik lehrte. Zwei seiner Hauptwerke befanden sich in der persönlichen Bibliothek von Novalis.

Aufrüttelnd war für Novalis die Begegnung mit dem Mädchen Julie Eisenstuck aus Leipzig Ende 1792. Mit ihrer mit einem Kaufmann verheirateten Schwester Laura stand Schlegel in engerer Beziehung. Was für den Freund aber mehr eine pikante Liaison war, entwickelte sich für Novalis zu einer alles verschlingenden Leidenschaft. »Die erste Zeit ging noch alles recht gut, aber diese Leidenschaft wuchs so schnell empor, daß sie in kurzer Zeit sich meiner ganz bemächtigt hatte. Mich verließ die Kraft zu widerstehn. Ich gab mich ganz hin. Überdem wars die erste Leidenschaft meines Lebens.«

Gelähmt von einem übermächtigen Gefühl, vernachlässigte Novalis seine Studien vollständig. Nach nunmehr zweijährigem Studium in Jena und Leipzig schienen alle Bemühungen gescheitert und die finanziellen Anstrengungen der Eltern vergeblich. Die Leidenschaft war jedoch schnell erloschen, zumindest gab sich der Sohn in einem Brief an den Vater im Frühjahr 1793 zerknirscht und reumütig. Der alte Hardenberg hat seinem Sohn wegen der Mesalliance, wie er es sah, lange gegrollt. Friedrich Schlegel konnte dem Freund im Mai 1793, nachdem Novalis Leipzig bereits verlassen hatte, von dem neuesten Leipziger Klatsch und Tratsch berichten: »Der kindische alte Mann hat hier in Auerbachs Hofe einem Zirkel alter Herren erzählt, Du hättest eine Bürgerliche, die Schwester einer hiesigen Kaufmannsfrau heiraten wollen. Er hat mit der größten Leidenschaft und beständigen Fluchen von Dir geredet.«

Novalis ahnte natürlich den Ärger seines Vaters. Daher hatte er schon von Leipzig aus versucht, ihn zu beschwichtigen. Doch der lange Brief enthält viel Widersprüchliches und Unrealistisches. Bei aller Selbstbezichtigung bricht doch immer wieder

---

Nie sah ich so die Heiterkeit der Jugend. Seine Empfindung hat eine gewisse Keuschheit die ihren Grund in der Seele hat nicht in Unerfahrenheit. Denn er ist schon sehr viel in Gesellschaft gewesen (der wird gleich mit jedermann bekannt) ein Jahr in Jena, wo er die schönen Geister und Philosophen wohl gekannt besonders Schiller. Doch ist er auch in Jena ganz Student gewesen, und hat sich wie ich höre oft geschlagen.

Friedrich Schlegel über Novalis in seinem Brief
vom Januar 1792 an den Bruder August Wilhelm

der Anspruch auf Selbstverwirklichung durch. Im Vater sieht er »die größeste und fast einzige Schwierigkeit«, die er zu überwinden habe. Das hindert ihn jedoch nicht daran, sich selbst zum Problem zu machen, um dem Vater zu gefallen, indem er seine Weichlichkeit und Leidenschaftlichkeit geißelt. Als Soldat will er sich der pedantischen Ordnung und der strengen Disziplin dieses Standes unterwerfen, um endlich seine »Männlichkeit« auszubilden. Doch das Vorhaben war kaum mehr als eine fixe Idee und scheiterte bereits am Geldbeutel der Familie, da die Ausstattung für den standesgemäßen Dienst bei der Kavallerie oder den Kurfürstkürassieren nicht zu bezahlen war. Novalis dürfte es schwerlich ernst mit seinem Plan gewesen sein.

»Mein Geist und seine Bildung«, bekennt er offen in dem gleichen Brief, »ist ohnedem mein heiligster Zweck.« Zwischen wehleidiger Entsagung und dem Bemühen, der väterlichen Erwartung gerecht zu werden, richtet sich sein Blick in die Zukunft: »Der Romantische Schwung wird in dem alltäglichen, sehr unro-

22 Aus einem Jenaer studentischen Stammbuchblatt aus dem 18. Jahrhundert. Typische Darstellungen der Studenten an den Universitäten Leipzig, Halle, Jena und Wittenberg

mantischen Gange meines Lebens viel von seinem schädlichen Einfluß auf meine Handlungen verlieren.« Schlichter »bonsens« soll fortan sein Leben bestimmen. Doch der Entwurf eines Spießerdaseins sollte im Grunde nur den guten Willen des Sohns zeigen, um den verständlichen väterlichen Zorn abzumildern. Novalis war wohl weder bereit noch fähig, einen solchen Entwurf in die Tat umzusetzen. Außerdem waren seine Beteuerungen selbst wenig dazu angetan, den Vater zu überzeugen. Die Kluft zwischen dem Älteren, der sich noch ganz und gar im Denken und Fühlen der empfindsam pietistischen Aufklärung bewegte, mit ihren Idealen der Frömmigkeit, des Gehorsams und des Tugendstrebens, und dem Jüngeren, der bereits dem romantischen Glauben an das individuell Eigentümliche und an das produktiv Unmittelbare der Persönlichkeit anhing, wurde offenbar. Beharren auf der bedingungslosen sozialen Einbindung auf der einen und das uneingeschränkte Aufbruchsverlangen des einzelnen auf der anderen Seite bilden einen unüberbrückbaren Vater-Sohn-Konflikt, in dem sich die polaren Kräfte an einer für das moderne Bewußtsein wichtigen Epochenscheide spiegeln.

Zunächst sah es so aus, als ob Novalis nach persönlichen Wirren den traditionell vorgezeichneten Weg einschlagen würde. Im April 1793 übersie-

23 Der Markt in Wittenberg mit der alten Stadtkirche. Die Standbilder von Luther und Melanchthon stammen aus den Jahren 1821/60

delte er in die Lutherstadt Wittenberg. Von dort unternahm er noch vor seiner offiziellen Einschreibung in Begleitung seines Hofmeisters Zachariä eine Reise nach Dessau, Bernburg, Halberstadt und Wernigerode, wo er auf dem hoch über der malerischen Altstadt gelegenen Schloß von der Gräfin zu Stolberg empfangen wurde. Besonders beeindruckte ihn der Besuch des neuangelegten englischen Parks in Wörlitz. In seinem Reisejournal vom 15. bis 19. April 1793 schreibt er: »Um 11 Uhr waren wir in dem angenehmen Wörlitz, dessen Garten auch jetzt, da noch kein grünender Baum seine mit Blättern und Blüten bekleideten Zweige in den blauen Wasserspiegel tauchte, durch seine in- und ausländischen toten Hölzer melancholisch schöne Spaziergänge bildete.«

Am 27. Mai 1793 immatrikulierte sich Novalis an der Universität Wittenberg, einer der kleineren Universitäten, die gesellschaftlich nicht den allerbesten Ruf genoß. Die Studenten galten als »nasse Brüder«, verrufen als Sauf- und Trunkenbolde, beständig die Krüge leerend und füllend. Das Studienklima und die Studienqualität an der 1502 von Johann Friedrich dem Weisen als erster landesfürstlich gegründeter Universität in Deutschland waren jedoch besser als ihr gesellschaftlicher Ruf. Unvergessen waren die Reformatoren Martin Luther, der hier ständig gelehrt und seine berühmten 95 Thesen formuliert hatte, und Philipp Melanchthon, der Lehrer der Deutschen, der in seiner Antrittsrede das neue Bildungsideal »ad fontes« (»zurück zu den Quellen«) verkündet hatte. Novalis fand in Wittenberg endlich die Bedingungen vor, die einen erfolgreichen Studienabschluß versprachen, und das um so mehr, als ihm anders als in Jena und Leipzig keine Persönlichkeiten begegneten, die ihn in ihren

---

Das Schloß, das auf einem hohen und steilen Berg liegt, wird durch die Aussichten aus seinen Zimmern, die heitere Luft, welche daselbst herrscht und den es zum Theil umgebenden Lustwald ein anmuthiger Wohnort; denn um dieser Schönheiten willen kann man wohl die Unbequemlichkeiten des Herauf- und Herunterfahrens oder Gehens und die Rauhheit der Luft vergessen. Man mag sich stellen an welches Fenster man will, die in den Hof abgerechnet, so findet man fast immer eine reitzende und romantische Aussicht sich.

Novalis in seinem Reisejournal über das Schloß Wernigerode.
Bezeichnenderweise beschreibt er weniger das Innere des
Schlosses als in romantischer Manier die Ausblicke
in die Weite der Landschaft.

Bann zu schlagen vermochten. Günstig wirkten sich nicht zuletzt seine äußeren Lebensumstände bei einer Professorenfrau aus. »Abends eß ich Butter und Brot und früh eß ich Obst.«

In seinen Briefen aus Wittenberg spiegeln sich jedoch die Spannungen zwischen unmittelbarem Lebensgenuß und harter Pflichtarbeit, zwischen dem Bekenntnis zu einem bürgerlich geregelten Leben und der schmerzlichen Absage an eine künstlerisch phantasievolle Existenz. Bei aller, oft zwanghaft beschworenen Zufriedenheit mit den Alltagsgeschäften blieb ein tiefes Ungenügen, wuchs die Trauer über den Verlust des Schönen und über die Vergeblichkeit, es jemals zu erlangen. Verräterisch ist jeweils, was er wem in seinen Briefen schrieb und anvertraute. Dem Vater teilt er im Mai 1794 mit: »Was meinen Fleiß belangt, so hab ich nun keine Treiber mehr nötig. Ich hoffe diesen Sommer mehr zu lernen, als ich je gelernt habe.« Gewissenhaft zählt er alle Disziplinen auf, die für ein erfolgreiches Jurastudium erforderlich sind: »Staatsrecht, Statistik, Völkerrecht.« In erster Linie möchte er auf eigene Füße kommen. »Mich treibt eine Sehnsucht nach einer Anstellung, wo ich bald von Deinem Beutel unabhängig bin.« Der Vater war ihm Vertreter des bürgerlichen Pflichtalltags. Die daran gebundenen Erwartungen galt es zu erfüllen, während das Privatleben des Studenten weitgehend unerwähnt blieb. Dies kommt besonders in den Briefen an den jüngeren Bruder Erasmus zur Sprache. In seinem Brief vom August 1793 erzählt Novalis von Schwestern in einem Wittenberger Haus, die er zusammen mit seinem Freund Ludwig Christoph von Burgsdorff, einem Schulfreund aus Eisleben, regelmäßig besuchte. »Sie sind sehr hübsch, wunderschön, aber um sie zu erlangen, haben wir Freiherrn müssen eine Fahrt in die Bürgerwelt machen. Es sind nichts als blanke, baare Bürgermädchen ... Alle Abend um 7–½8 gehn wir fast hin und bleiben dann bis 10–½11.« Wie bereits in Leipzig, so zeigte sich Novalis

24 Zeichnung von Novalis in seinem Brief an den Bruder Erasmus. »In diesem Häuschen eine Treppe hoch in dem Erker wohnen ein paar Schwestern ...«

auch in Wittenberg den erotischen Freuden gegenüber aufgeschlossen, die er nun allerdings zu genießen schien ohne die allzu aufwühlenden Heimsuchungen der Leidenschaft. Präsentierte er sich dem Vater als fleißiger Sohn, so dem Bruder als erfolgreicher Schürzenjäger. Arbeit und Genuß, Pflicht und Neigung, in der eigenen Biographie vereint, werden in der Berichterstattung nach außen fein säuberlich getrennt.

Der Mutter gegenüber bekennt er sich in einem Brief Ende Juni 1793 zum bürgerlichen Familienleben. »Die Familie ist mir noch näher als der Staat. Freilich muß ich tätiger Bürger sein, um eine Familie an mich knüpfen zu können.« Novalis konnte sicher sein, daß solches Bekenntnis gerade der Mutter gefallen würde. Zugleich war sie ihm in der Familie aber auch der einzige Mensch, dem er sich von Kind auf rückhaltlos anvertraut hatte. »O! ich fühle sie ganz, die Süßigkeit des Berufs Stütze einer Familie zu sein und darum plagt mich auch oft mein wildes leidenschaftliches Temperament, mein unverwüstlicher Leichtsinn ...« Novalis war alles andere als ein ausgeglichener, im bürgerlichen Leben mit dessen kleinen episodischen Freuden zufriedener Mensch. Sein Inneres bäumte sich auf gegen das alltägliche Gleichmaß, gegen die Geschäftigkeit und das Ordnungsstreben der Bürger. Allzuoft blieb dabei das reich instrumentierte Individuum auf der Strecke.

Am deutlichsten kommt solche Zerrissenheit wohl im Brief vom August 1793 an Friedrich Schlegel zum Ausdruck. Abseits vom Ar-

25 Christoph Wilhelm Anton Erasmus von Hardenberg (1774–97), der jüngere Bruder von Novalis

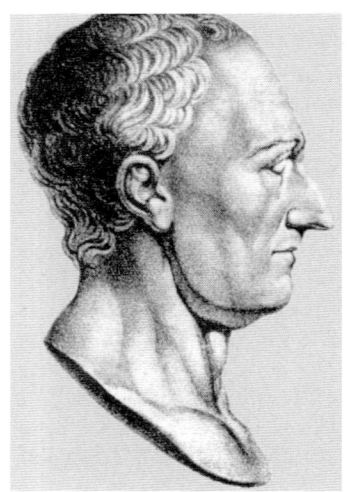

beitsalltag ereignete sich der Dialog der Freunde unter der Schutzherrschaft der »Göttin Farniente«, der Schirmherrin des süßen Nichtstuns und der »süßen Eingebungen«. »Für mich bist Du der Oberpriester von Eleusis gewesen«, erinnert sich Novalis emphatisch an die Leipziger Zeit. Der Freund erscheint ihm als Wegweiser zu jener Kultstätte der Demeter und des Dionysos, wo die Mysterien von Unsterblichkeit und Wiedergeburt vermittelt wurden. In Eleusis hat das goldene Zeitalter Gestalt angenommen, an das Novalis glaubte und das er dem Freund als Ziel allen Strebens in Leipzig poetisch ausgemalt hatte. Schönheit war für den Hemsterhuis-Leser Novalis die Harmonie des menschlichen Geistes mit dem göttlichen All. Mit dem niederländischen Philosophen und Kunstkenner Franz Hemsterhuis (1721–90) glaubte er, daß alles Sichtbare und Empfindbare nach Einigung strebt. Die Seele ist das eigentliche Medium des Schönen. »Mein ganzer Grund ist mein inniges Gefühl am Leben, mein Glaube und meine Zuversicht zu allem, was in mir und um mir (!) ist ...« Doch die Träume von der Schönheit und der Erfüllung scheinen angesichts der drückenden Wirklichkeit der Arbeit und der Pflichten ausgeträumt. »Mit meinem Schöndenken und Schreiben ists jetzt vielleicht auf immer vorbei ... Seitdem ich wieder von Leipzig zurück bin hab ich keine 10 Blätter gelesen. Dafür bin ich jetzt tüchtig fleißig ...« Der Freund aber

26 Franz Hemsterhuis. Seine Anschauungen hatten großen Einfluß auf die Frühromantik. Büste von Gottlieb M. Klauer

weiß den Verzagten immer wieder aufzurichten, indem er ihn an seine eigentliche Begabung und Bestimmung erinnert: »Der Geist des Herrn ruht auf Dir«, schreibt Friedrich Schlegel an Novalis, »Du bist ein Prophet – werde nun auch immer mehr und mehr ein Mensch. Mein Leben will ich forthin gern mit Dir teilen: dringen doch Wenige vielleicht niemand so tief in mich ein wie Du.« Bei aller Bewunderung für den Visionär eines goldenen Zeitalters, einer Ära der Schönheit, versäumte es Schlegel aber nicht, auf die notwendige Verknüpfung von Prophetie und Wirklichkeit, von Utopie und Geschichtswelt zu verweisen. Hier traf er den neuralgischen Punkt im Bewußtsein des Freundes, die Kluft zwischen der ins Unendliche ausgreifenden Phantasie und dem in engen Grenzen ablaufenden endlichen Leben.

Wie fruchtbar und konstruktiv Schlegels Anregungen und Anstöße waren, zeigte sich bereits nach kurzer Zeit. Am 14. Juni 1794 bestand Friedrich von Hardenberg mit »der ersten Zensur« sein juristisches Staatsexamen am Wittenberger Hofgericht. »Der Pedantismus der Schule war nun überstanden.« Im Brief an Friedrich Schlegel vom August 1794 aus Weißenfels gibt er unumwunden die Quälerei des Studiums zu, in dem er sich persönlich ganz zu verlieren drohte. »Ich habe in Wittenberg fast total meine Lieblingsbeschäftigungen verlassen. Studium kursächsischer Gesetze nahm alle meine Zeit weg.« Jetzt aber, nachdem er vom Druck des ungeliebten Brotstudiums befreit war, regten sich auch die alten Lebensgeister wieder, das Verlangen und der Wunsch nach kreativer Entfaltung. »Jetzt hat mein ganzer Charakter ein politisch philosophischen Schwung erhalten.« Aus dem Propheten begann in der Tat ein Mensch zu werden, aus dem Träumer ein human engagierter Betrachter der politischen Szene. Im Zeitalter der Revolution entdeckte Novalis den Zusammenhang zwischen philosophischem Entwurf und praktischem Geschichtshandeln, denn »zum Freiden-

---

Die Französische Revolution, Fichtes Wissenschaftslehre, und Goethes Meister sind die größten Tendenzen des Zeitalters. Wer an dieser Zusammenstellung Anstoß nimmt, wem keine Revolution wichtig scheinen kann, die nicht laut und materiell ist, der hat sich noch nicht auf den hohen weiten Standpunkt der Geschichte der Menschheit erhoben.
Friedrich Schlegel im 216. Athenäumsfragment, 1798/1800

ken gehört Freiheit, zur Freiheit Freidenken«. »Eh die Zeit der Gleichheit kommt, brauchen wir noch übernatürliche Kräfte ... Es sind die Tage des Brautstandes ... Wollte der Himmel, meine Brautnacht wäre für Despotismus und Gefängnisse eine Bartholomäinacht, dann wollt ich glückliche Ehestandstage feiern. Das Herz drückt mich – daß nicht jetzt schon die Ketten fallen wie die Mauern von Jericho.«

Der Traum vom goldenen Zeitalter des Menschen muß sich in der geschichtlich-gesellschaftlichen Wirklichkeit bewähren. Die Glaubwürdigkeit des Propheten hängt ab von der Bereitschaft zum Wagnis, getreu dem gewählten Lebensmotto aus Ovids ›Metamorphosen‹: »Magnis tamen excidit ausis« – »Stürzte er, doch groß war sein Wagnis.«

Die Braut

Nach längerer Zeit poetischer Abstinenz entstanden in Weißenfels, wo sich Novalis nach seinem Examen von Ende Juni bis Oktober 1794 aufhielt, wieder einige Gedichte. Das bemerkenswerteste unter ihnen ist das untenstehende, das in daktylischen Versen mit regelmäßigem Auftakt den Rhythmus des am Ende des 18. Jahrhunderts aufkommenden Walzers einfängt. Unbeschwerte Lebenslust ruft noch einmal den Geist des Rokoko wach und unterstreicht zugleich die größere Freizügigkeit der nachaufklärerischen Generation im Verhältnis der Geschlechter.

Im Zeitalter der Revolution verlor der zeremoniöse Hoftanz mit seiner festgelegten Figurenfolge seine Bedeutung. Triumphe feierte der in der Gestaltung freiere Paartanz, der im Walzer seinen Höhepunkt erreichte. Fest »ans klopfende Herz« gedrückt, erlebte man den Tanzpartner in seiner sinnlichen Präsenz. Was bei den Älteren noch Anstoß erregte, war den Jüngeren Bekenntnis zur Jugend und Ausdruck einer neu gefühlten Ganzheit sowie einer neuen emotionalen Spontaneität.

Novalis hat die Monate nach seinem Examen genossen, eine Zeit, die in solcher Unbeschwertheit für ihn nicht wiederkehren sollte. Zusammen mit seinem Bruder Carl, der seinen Urlaub vom Militärdienst in Weißenfels verlebte, gab man sich der kurzfristig gewährten Freiheit hin, der Jugend und dem Sommer. »Wir haben getrunken, gesungen, getanzt und … sponsirt«, schreibt Carl in einem Brief, »und das letzte haben wir beide, Fritz und ich, nicht aus den Augen gelassen, und kein

> Hinunter die Pfade des Lebens gedreht
> Pausiert nicht, ich bitt euch solang es noch geht
> Drückt fester die Mädchen ans klopfende Herz
> Ihr wißt ja wie flüchtig ist Jugend und Scherz.
>
> Laßt fern von uns Zanken und Eifersucht sein
> Und nimmer die Stunden mit Grillen entweihn
> Dem Schutzgeist der Liebe nur gläubig vertraut
> Es findet noch jeder gewiß eine Braut.
>
> ›Walzer‹, 1794

Tag vergeht, wo nicht uns unsere Füße nicht zu hiesigen Schönen tragen.« Sponsiren, das damalige Wort für flirten, war nicht immer ohne Probleme, zumal dann nicht, wenn man das gleiche Mädchen begehrte. Was sich aber für Carl zu einer herzzerreißenden Liebesgeschichte entwickeln sollte, war für Friedrich nur eine Affäre unter anderen. Später bekannte er, er habe von eben dieser Dame, in die sein Bruder wohl ernsthaft verliebt war, »gemeine Gunstbezeugungen« erhalten.

Nachdem er Weißenfels bereits verlassen hatte, schrieb er seinem Bruder Erasmus rückblickend: »Ich habe Weißenfels sub rosa gern verlassen. Zu viel ist ungesund. Zuletzt wurde ich zu vertraut mit der Obersten ... Ich vermied zuletzt alle tête-à-têtes. Sie waren mir zu verführerisch ... Sponsiren ist eine hübsche, aber eine kitzliche Sache.« Noch wich Novalis einer ernsthaften Liebesbeziehung aus, weil er offenbar zwischen einer echten Herzenssache und einem prickelnden, emotional aber flüchtigen Flirt zu unterscheiden wußte. Er wollte weder das Mädchen noch sich selbst betrügen. Das hinderte ihn jedoch nicht daran, in anderer Umgebung anderen Mädchen für ein paar reizvolle Stunden und Tage schöne Augen zu machen. No-

27 Darstellung eines Walzers. Nach einem Aquarell von Wilhelm Gause (1853–1916). Ausschnitt

valis war kein seraphischer Jüngling, sondern ein lebenslustiger junger Mann; zumindest trifft dies noch auf die Lebensphase unmittelbar nach seinem Examen zu.

In einem Brief vom September 1794 berichtet Carl von Hardenberg über eine Reise der Brüder nach Hubertusburg, die sie über Torgau auch nach Wittenberg führte, »wo wir uns 2 Tage Divertirten, und statt uns die Antiquitäten von Doctor Luther zu besehen, lieber die hübschen Mädchen musterten und experimental Physic über ihren Busen und Gliederbau lasen.«

28 Carl von Hardenberg (1776–1813), der Bruder des Dichters. Nach einem zeitgenössischen Bildnis

Doch im Herbst ging die unbeschwerte Zeit ihrem Ende entgegen. Der Vater plante, Friedrich eine Stelle im preußischen Staatsdienst zu verschaffen. Vermitteln sollte der zur weiteren Familie gehörende, einflußreiche Minister Karl August von Hardenberg. Als der Erfolg der Vermittlungen jedoch auf sich warten ließ, entschloß sich der Vater, Schritte einzuleiten, den Sohn mit Blick auf eine künftige Berufsausübung mit der Praxis der Verwaltung vertraut zu machen. Anfang November 1794 übernahm Novalis das Amt eines Aktuarius beim Kreisamt Tennstedt. Leiter war der aus Merseburg stammende Amtmann und spätere preußische Regierungsrat Coelestin August Just, Vorsit-

> Vergiß mein nicht wenn lockre kühle Erde
> Dies Herz einst deckt das zärtlich für dich schlug
> Denk daß es dort vollkommner lieben werde
> Als da voll Schwachheit ichs vielleicht voll Fehler trug.
>
> Dann soll mein freier Geist oft segnend dich umschweben
> Und deinen Geiste Trost und süße Ahndung geben
> Denk daß ichs sei wenns sanft in deiner Seele spricht,
> Vergiß mein nicht! Vergiß mein nicht!
>
> *Die Verfasserschaft dieses in der Handschrift des Bruders Carl überlieferten Gedichts aus der Weißenfelser Zeit ist nicht völlig gesichert. Charakteristisch für Novalis aber schlägt es das Thema von der Erlösung der vollkommenen Liebe durch den Tod an.*

zender des Erfurter Amts, ein ausgewiesener Verwaltungsfachmann, der über die engeren Grenzen hinaus einen ausgezeichneten Ruf genoß. Tennstedt, eine verschlafene Kleinstadt unweit von Erfurt, war Sitz der obersten Verwaltungs- und Gerichtsbehörde des kursächsischen Thüringen. In seinem neuen Amt hatte Novalis über Rechtsstreitigkeiten und über Zoll- und Grenzfragen zu berichten und alle juristischen Vorgänge protokollarisch zu dokumentieren. »Meine Praxis raubt mir hier ¾tel des Tags,« schreibt er Schlegel nach Dresden. »Das übrige Viertel ist so eingeteilt, daß Freunden und Büchern sehr wenig bleibt.« Obwohl Novalis sich in der Kleinstadt vom öffentlichen Diskurs abgeschnitten fühlte – er hatte weder Zugang zu interessanten Büchern noch zum ›Moniteur‹, einer namhaften Zeitung der Zeit –, war er mit seinem neuen Lebensraum trotz allem nicht völlig unzufrieden. Im Hause seines unverheirateten Vorgesetzten Just – den Haushalt führte dessen Nichte Caroline – hatte er alles, was er zum Leben brauchte. Der Umgang mit dem gebildeten Kreishauptmann entwickelte sich rasch angenehm und freundschaftlich. »Mein Amtmann ist ein brauchbarer, geübter und humaner Mann … Er geht äußerst freundschaftlich mit mir um.« Von seiner Umgebung sah er sich hochgeschätzt und anerkannt. »Ich spiele hier eine große Rolle und bin wie es scheint in großem Credit.«

29 Karl August Fürst von Hardenberg (1750–1822), preußischer Staatsmann. Portraitgemälde von Johann Heinrich Tischbein, um 1800

30 Ansicht von Bad Tennstedt, rechts das Kreisamt, die Dienststelle von Novalis

Just seinerseits schätzte den jungen Mann, der seine Amtsgeschäfte gewissenhaft erledigte und ein geistreicher Gesellschafter war, außerordentlich. Aus seiner Feder stammt die erste umfassende Würdigung Friedrich von Hardenbergs, vier Jahre nach dessen frühem Tod. In seinem Nekrolog schreibt Just: »Ich sollte sein Lehrer und Führer werden; aber er ward mein Lehrer. Nicht nur, daß ich selbst in denjenigen Fächern, wo ich vielleicht durch Erfahrung und Übung ihn an Kenntnissen übertraf, alle meine Kraft aufbieten mußte, um seinem Forschungsgeiste, der sich mit dem Gemeinen, Bekannten, Alltäglichen nicht begnügte, sondern das Ferne, das Tiefe, das Verborgene überall aufsuchte, einige Gnüge zu leisten, sondern auch hauptsächlich, daß er mich mit sich fortriß, mich von den Fesseln der Einseitigkeit und Pedanterie ... befreite ... Er wollte das, was er sein wollte, nicht halb, sondern ganz sein. Nichts trieb er oberflächlich, sondern alles gründlich. Dabei kam ihm die herrliche Anlage, das Gleichgewicht aller Geisteskräfte und die Leichtigkeit, womit er alles betreiben konnte, vorzüglich zustatten.«

Bei aller öffentlichen Anerkennung und allem freundschaftlichen Umgang vermißte der junge Mann dennoch gelegentliche Abwechslungen und Vergnügungen, wie er sie in den Monaten davor noch in Weißenfels genossen hatte. Willkommene Ablenkungen von dem grauen Amtsalltag bildeten gelegentliche Fahrten zu den umliegenden Rittergütern und Adelssitzen. Ein dienstlicher Anlaß führte Novalis am 17. November zum Ritter-

gut nach Grüningen, nur wenige Kilometer nördlich von Tennstedt gelegen. Gutsbesitzer war der ehemalige sächsische Offizier Johann Rudolf von Rockenthien. Er hatte Sophie Wilhelmine von Kühn, die Witwe des letzten Besitzers und Mutter von sechs Kindern, geheiratet. Aus der Ehe gingen weitere vier Kinder hervor. Novalis, der ja selbst aus einer großen Familie stammte und einen ausgeprägten Familiensinn besaß, fühlte sich von Anfang an heimisch auf Schloß Grüningen, zumal er sich hier auch ständisch in dem ihm vertrauten Milieu bewegen konnte.

Lebensentscheidend wurde für ihn die Begegnung mit der damals noch nicht dreizehnjährigen, am 17. März 1782 geborenen Sophie von Kühn, Tochter aus erster Ehe. »Eine Viertelstunde hat mich bestimmt.«

31 Schloß Grüningen. Heutiger Zustand nach der historisch getreuen Restauration

Begeistert schreibt er dem Bruder Erasmus in einem nicht überlieferten und nur aus dessen Antwort in etwa rekonstruierbaren Brief von den Vorzügen des Mädchens, hebt ihre Einzigartigkeit hervor und betont die kindliche Unverderbtheit, den überwältigenden Reiz der Unschuld. Deutlich setzt er sie ab gegen all die Damen, die mit ihren Gunstbezeugungen nicht geizten und danach schnell alles Begehrenswerte verloren.

Zweifellos schwingt in dieser schwärmerischen Verehrung des jungen Mädchens die romantische Begeisterung für alles Kindliche und die Kindheit, in der man die unbewußte Ganzheit, das harmonische Ensemble der Seelenkräfte bewunderte. Auch an Caroline Just schreibt Novalis voll Enthusiasmus: »Sophie, Ihre in der Tat einzige Freundschaft, und die unendliche Aussicht, die mir sich hier auf einmal so bestimmt für mein Leben und meine Bestimmung öffnete –«

Erasmus vermochte jedoch die Begeisterung des Bruders nicht zu teilen. Für ihn war eine solch wichtige Entscheidung nach nur einer Viertelstunde allzu vorschnell. Als Friedrich ihn dann später, wenige Tage vor dem dreizehnten Geburtstag des Mädchens, wissen ließ, Sophie habe sich gewünscht, ganz die Seine zu werden, reagierte Erasmus mit Unverständnis und unverhohlener Kritik: »Überhaupt gefällt mir Deine ganze Art nicht, Dich in das Mädchen zu verlieben. Du bist mir so tragisch, Freund, und selbst, wenn Du sie heiraten willst, solltest Du die Sache aus einem leichtsinnigern Gesichtspunkte ansehen.« Zwar zeigte sich dann auch Erasmus in Grünin-

32 Sophie von Kühn. Gemälde

gen von der Anmut Sophiens bestrickt, von ihrem »unvergleichlichen, guten, großen, lieben Blick« – ähnlich empfunden hat der Bruder Carl –, bedenkenswert aber bleibt der versteckte Vorwurf, daß sich das Verliebtsein Friedrichs mehr in dessen Kopf als in einer wirklich erfüllten Zweierbeziehung abspielte, zu der Sophie ohnehin noch viel zu jung war.

Novalis liebte mehr das Ideal seiner Liebesvorstellung als das konkrete Mädchen. Das Kindliche, die noch nicht ausgebildete erotische Faszination des Weiblichen waren es, die Novalis anzogen, die Liebe jenseits sinnlicher Leidenschaft, die ihn immer wieder mit sich fortgerissen hatte, von der er sich in der Zuwendung zum Kindmädchen Sophie zu befreien hoffte. Sophie, so schien es ihm zumindest, ermöglichte ihm, aus seinem Selbstbezug und seiner Selbstsucht herauszutreten, in der Zuneigung zum anderen die endlichen persönlichen Grenzen hin zu einer höheren Realität des Unbegrenzten und Unendlichen zu überschreiten. In der Liebe, Ehe und Familie erschloß sich für ihn wie für die Romantiker überhaupt das Weltganze. »Flucht des Gemeinwesens ist Tod«, wie Novalis selbst später formulierte. In Sophie erfüllte sich für ihn eine philosophische Liebe, die Verkörperung der romantischen Idee vom Du, in dem die isolierte Stellung der Einzelpersönlichkeit aufgehoben ist. Die Braut aber, die ihm das romantische Liebesideal lebendig vor Augen zu stellen und seinen Glauben an die Liebe als Übergang zum Unendlichen zu bestärken vermochte, mußte frei sein von leidenschaftlichem Verlangen und wollüstiger Sinnlichkeit. In dem Maße, wie das Mädchen Sophie zur Projektionsfigur wurde, verlor es an individuellen Konturen. An die Stelle persönlicher Selbstsucht, von der sich Novalis befreit glaubte, trat lediglich die subtilere Form der Verliebtheit in die eigene Idee.

Erfüllt von philosophischer Begeisterung, steigerte er sich in eine Liebe hinein, von der Sophie, der all dieser Überschwang

Die Entscheidung von Novalis für Sophie führte zum Bruch mit dem Onkel in Lucklum. Novalis in einem Rückblick:
Ich war noch nicht lange in Tennstedt gewesen, als ich die Bekanntschaft des unvergeßlichen Mädchens machte, der ich meinen Charakter zu verdanken habe ... Nun war die Zeit der Torheiten und Frivolitäten vorüber, und ich sah mich beim Eintritt in das männliche Leben von der edelsten Gestalt begrüßt und auf ewig gefesselt ... Mein Onkel ... kündigte mir alle Freundschaft auf.

zu gelten schien, nicht die leiseste Ahnung hatte und wohl auch kaum die Antriebe des intellektuell etwas überspannten jungen Mannes verstanden haben dürfte. Nicht einmal ein halbes Jahr nach ihrer ersten Begegnung, am 15. März 1795, zwei Tage vor dem 13. Geburtstag Sophies, erfolgte die inoffizielle Verlobung. In der Anrede blieb man allerdings bei dem förmlichen Sie. Am 17. März, zu Sophies Geburtstag, widmete Novalis der Verlobten ein schwärmerisch abgehobenes Gedicht:

»Liebes Mädchen Deiner Liebe
Dank ich Achtung noch und Wert,
Wenn sich unsre Erdenliebe
Schon in Himmelslust verklärt,
Ohne dich wär ich noch lange
Rastlos auf und abgeschwankt
Und auf meinem Lebensgange
Oft am Überdruß erkrankt.«

33, 34 Novalis' Verlobungsring mit der Inschrift »Sophia sey mein Schuz Geist«. Die Vorderseite zeigt das Bildnis Sophies

Sowohl die Erdenliebe, für die Sophie noch lange nicht reif war, als auch die Himmelslust sind poetische Setzungen. Mit der Wirklichkeit hat das eine wie das andere nichts zu tun. Für Sophie dürfte beides verschlossen gewesen sein. Während sie ihm nur Anstoß war, das romantische Reich der Liebe zu beschwören, wo sich alles Getrennte vereint, rückte ihm das lebendige Mädchen selbst zusehends aus den Augen.

Novalis wurde nicht müde, so oft es seine Arbeit in Tennstedt erlaubte, nach Grüningen hinauszufahren, um in der Nähe seiner Braut zu sein, der das schwärmerische Gebaren ihres Verlobten jedoch eher fremd gewesen sein dürfte. Nach solchen Begegnungen trug Sophie, deren Schulbildung kaum ausreichend war, in fehlerhafter Rechtschreibung in ihr Tagebuch ein: »Heute war Hartenberch bey uns und es viel weider gar nichts vor.« Merkwürdig, daß sie selbst den Namen ihres Verlobten nicht im korrekten Schriftdeutsch, sondern in der Einfärbung des thüringischen Dialekts wiedergab.

Novalis hätte sich aber auch dadurch schwerlich irremachen lassen an seiner Liebe, die für ihn Weltanschauung und nicht Leidenschaft war. Bereits der Name Sophie (griech. *sophia*, »Weisheit«) ist ihm Programm, Verweis auf die Erfüllung seiner Utopie und seiner eigenen Persönlichkeit, die ihm wichtiger zu sein schien als das Du: »Sofie heißt sie. Filosofie ist die Seele meines Lebens und der Schlüssel zu meinem eigenen Selbst.«

In Grüningen entwarf Novalis phantasievolle Anzeigen, Verweise auf den romantischen Enthusiasmus für Ehe, Familie und häusliches Glück:

Unsern wechselseitigen Verwandten und Freunden machen wir hierdurch unsre Verbindung am 19ten März dieses Jahrs bekannt und versichern uns im voraus ihrer freundschaftlichsten Teilnahme.
Schloeben am 25sten März 1798,
Friedrich von Hardenberg und Sophie von Hardenberg geb.v. Kühn

Von Endesbenannten wird eine Person gesucht, die, bereits in gewissen Jahren, Erfahrung und Treue zum Warten kleiner Kinder in sich vereinigt.
Schloeben bei Jena   v. Hardenberg

Johann Gottlieb Fichte.
Eine Begegnung mit Folgen

Irgendwann im Sommer 1795 ereignete sich in Jena im Haus des Pädagogen und Privatdozenten für Philosophie Friedrich Immanuel Niethammer (1766–1848) eine denkwürdige Begegnung. Zu Gast waren der Jenaer Professor für Philosophie Johann Gottlieb Fichte (1762–1814), der zusammen mit dem Gastgeber ›Das philosophische Journal einer Gesellschaft deutscher Gelehrten‹ herausgab, der Dichter Friedrich Hölderlin (1770–1843) und Novalis. Hölderlin, dem zu dieser Zeit bereits einige ausdrucksstarke Hymnen über die Freundschaft, die Liebe, die Natur und die Freiheit gelungen waren, und Novalis, der zusammen mit Hölderlin zum bedeutendsten Lyriker der Zeit werden sollte, sahen sich nur dieses eine Mal. Eine unmittelbare Beeinflussung oder gar ein weiterer Kontakt hat nicht stattgefunden. Gemeinsam aber war ihnen die Begeisterung für die Liebe und alles Weibliche, die Sehnsucht nach dem goldenen Zeitalter angesichts der unfreien Verhältnisse sowie die Gestaltung ihrer dichterischen Visionen im hohen hymnischen Stil. Diotima für den einen und Sophie für den anderen waren die verklärten Leitsterne ihres Lebens, die Verheißungen einer Utopie der Liebe und der Freiheit. Offenbar haben die beiden jungen Dichter bei dieser einzigen Begegnung nicht einmal geahnt, wie nahe sie einander waren.

Anders bei Fichte, dessen Philosophie einen nachhaltigen Einfluß auf Novalis ausübte. Fichte hatte 1794 die Nachfolge von Reinhold, der einen Lehrstuhl

35 Johann Gottlieb Fichte (1762–1814). Aquatinta-Radierung von Friedrich Jügel nach einem Gemälde von Heinrich Dähling

in Kiel angenommen hatte, in Jena angetreten. Bekannt geworden war Fichte als Verfechter der Menschenrechte und besonders durch seine Rede ›Zurückforderung der Denkfreiheit von den Fürsten Europas, die sie bisher unterdrückten‹ (1792) sowie durch seinen ›Beitrag zur Berichtigung des Urteils des Publikums über die Französische Revolution‹. Beide Schriften erschienen 1793. Geradezu berühmt gemacht hatte ihn der 1792 vorgelegte ›Versuch der Kritik aller Offenbarung‹, den man zunächst Kant zugeschrieben hatte.

Für Friedrich Schlegel gehörte Fichtes ›Wissenschaftslehre‹, deren Entstehung in die ersten Jenaer Jahre fiel, zu den herausragenden Leistungen der Epoche, gleichrangig mit dem bedeutenden Geschichtsereignis der Französischen Revolution. Mit dem subjektiven Idealismus entwickelte Fichte in Deutschland, wo man politisch weitgehend auf alle Aktivitäten verzichtete, eine Art geistiger Revolution. Es war der Blitz des Geistes, wie Heine später schrieb, dem der Donner der Tat allerdings nicht folgte.

Ausgehend von der Dialektik von Subjekt und Objekt, ist für Fichtes Philosophie die wissenschaftliche Selbstbeobachtung der schöpferisch-ethischen Aktivitäten der Ich-Persönlichkeit entscheidend. Grundlegend ist die Setzung des Ichs als Inbegriff von Geist, Wille, Sittlichkeit und Glaube. Die Dinge außerhalb des Ichs werden begriffen als eine vom Ich außerhalb gestellte Realität, sie bilden das Nicht-Ich. Das Bewußtsein der dinglichen

36 Friedrich Hölderlin (1770–1843).
Gemälde von Franz Karl Hiemer,
1792

37 Fichte hält eine Vorlesung. Zeitgenössische Zeichnung des Graphikers und Bildhauers Johann Gottfried Schadow

Welt ist ausschließlich das Ergebnis und die Schöpfung des menschlichen Vorstellungsvermögens. Darauf gründet sich die Gewißheit der Freiheit. Das Sein wird nur als Bewußtsein anerkannt, als das, was wahrgenommen wird (*esse est percipi*). Das Objektive ist ausschließlich das subjektiv Erfahrene und Erfahrbare. Der Mensch, der nicht durch die Dinge bestimmt ist, sondern diese bestimmt, ist aufgerufen, sich selbst und seine Welt in sittlich verantwortungsvoller Kulturarbeit auszubilden. Er kann dies aber nur tun, wenn er sich in die Gemeinschaft eingliedert und seinen Anspruch auf Freiheit und persönliche Unverletzlichkeit unmißverständlich erhebt.

Novalis muß von dieser Philosophie wie elektrisiert gewesen sein. Sie bildete die Initialzündung für sein bald darauf einsetzendes Schaffen der Werke, die bis heute mit seinem Namen verbunden sind und die das Verständnis romantischen Dichtens entscheidend geprägt haben. Novalis selbst hat den persönlichen Wandel, der damals mit ihm vorging, in aller Deutlichkeit erlebt und kommentiert. Im Jahr 1796 schreibt er Schlegel: »Mein Schicksal hat einen großen Epichronismus [entscheidende Wen-

> Lächelt nicht über meinen Rat, den Rat eines Träumers, der euch vor Kantianern, Fichteanern und Naturphilosophen warnt. Lächelt nicht über den Phantasten, der im Reiche der Erscheinungen dieselbe Revolution erwartet, die im Gebiete des Geistes stattgefunden. Der Gedanke geht der That voraus wie der Blitz dem Donner. Der deutsche Donner ist freilich auch ein Deutscher und ist nicht sehr gelenkig und kommt etwas langsam herangerollt; aber kommen wird er, und wenn ihr es einst krachen hört, wie es noch niemals in der Weltgeschichte gekracht hat, so wißt: der deutsche Donner hat endlich sein Ziel erreicht. *Aus Heinrich Heine, ›Zur Geschichte der Religion und Philosophie in Deutschland‹, 1852*

de] gemacht.« Ausdrücklich beteuert er, daß er nun zu einem festen gedanklichen wie charakterlichen Profil gefunden habe. Im ganzen glaubte er, »ernster, zärter, fester und wärmer« geworden zu sein. Nicht zuletzt, so betont er, sei durch seine Verlobung »eine mächtige Verwandlung« in seinen wechselnden Beziehungen zu Frauen erfolgt. Die Begegnungen mit Sophie und mit Fichte haben in Novalis offenbar eine entscheidende Konsolidierungsphase eingeleitet. War es Sophie, die ihm die erfüllte Gemeinschaft von Mann und Frau, die persönliche Erfüllung in Ehe und Familie zu verheißen schien, so war es Fichte, der in ihm das Vertrauen in die schöpferisch-ethische Persönlichkeit festigte.

Fichtes Setzung eines absoluten Ichs, das sich durch die Entgegensetzung des Nicht-Ichs über alles Empirische und bloß Zufällige erhebt, rückte für Novalis die Verwirklichung des goldenen Zeitalters in greifbare Nähe. Nur das schöpferische Ich ist in der Lage, über das Endliche hinaus den Zugang zum Unendlichen zu finden, indem es sich als Teil der harmonischen Ganzheit begreift, in der alle Spannungen zwischen Subjekt und Objekt, Ideal und Materie aufgehoben sind und der »Sieg über die rohe Natur« errungen ist. »Das Wahre erhält sich immer – das Gute dringt durch – der Mensch kommt wieder empor – die Kunst bildet sich – die Wissenschaft entsteht – Es ist der Kampf des Vergänglichen mit dem Bleibenden ...«

Hinter den abstrakten Formulierungen verbirgt sich der revolutionäre Glaube an die mögliche Selbstbefreiung des Menschen aus den Fesseln von allem, was ihn determiniert und unterdrückt. Kunst und Wissenschaft fällt die Aufgabe zu, das Bewußtsein der Überlegenheit des Menschen über ein bloß materielles und politisch aufgezwungenes Schicksal zu offenbaren und wachzuhalten. Für den Menschen gilt, »den Staub von den eigenen Flügeln zu schütteln«, wie Novalis in einem Brief von Ende März 1796 schreibt, um sich der menschlichen Bestimmung be-

---

Daher wirckt auch das Vergangne und Zukünftige so wunderbar auf uns, weil je unabhängiger ein Obj[ect] von unsrer Wircksamkeit ist – desto freyer unsre Wircksamkeit spielt – daher auch die sonderbare *Alltäglichkeit* der Gegenwart. Hier wird das Gemüth zu einer bestimmten Wirksamkeit gezwungen und das *nothwendige* Ich zu sehr *empfunden* – dahingegen dort das nothwendige Ich gleichsam mehr separirt ist und so das Vorstellende Ich seine Freyheit mehr empfindet. / Empfindung der Freyheit ist Empfindung der Lust – *Aus den ›Fichte-Studien‹, 1795/96*

wußt zu werden, sich über das scheinbar materiell und gesellschaftlich Bestimmende zu erheben. »Wir müssen mit Lappalien streiten«, klagt Novalis, »und sind noch obendrein halb gebunden – Gulliver im Pygmäen-Lande.« Doch die seelischen Fähigkeiten des Menschen, zu glauben, zu hoffen und zu lieben, erheben ihn letztlich über alle Verzweiflung, über das scheinbar Endgültige und Unterdrückende. »Politischer Glaube tut, wie der religiöse, Wunder.« Da das absolute Ich nicht im empirischen Einzel-Ich aufgeht, sondern seinem Wesen nach Teil der Gattung ist, stirbt es mit dem individuellen Tod nicht ab. Es verliert mit seinem Eintritt ins Unendliche nur seine endliche Gestalt. Allein das gläubige Bekenntnis zu dem, was wesenhaft ist, vermag den Tod zu überwinden. »Was du wirklich liebst, das bleibt dir.«

Die Begegnung mit Fichte ließ in Novalis alles das Gestalt werden, was als Ahnung bereits in ihm angelegt war, die Überzeugung von der Freiheit des Menschen und das Vertrauen auf ein prinzipiell realisierbares goldenes Zeitalter. Der Kunst ist es vorbehalten, das Programm einer großen geistigen Revolution zu entwerfen. An die 500 Seiten umfassen die ›Fichte-Studien‹, in denen Novalis zwischen 1795 und 1796 in der schöpferischen Auseinandersetzung mit dem Philosophen, der ihm in Jena begegnet war, die Grundlagen schuf für das eigene Werk.

Friedrich Schlegel, der den Freund im Spätsommer 1796 in Weißenfels besuchte, war zunächst befremdet von dessen schwärmerischem Wesen, und

38 In diesem Haus in Weißenfels, dem Wohnhaus seiner Eltern, starb Novalis am 25. März 1801. Heutiger Zustand

das um so mehr, als man sich Jahre nicht gesehen hatte. Wenn er auch die utopischen Denkansätze nicht teilte, so wurde das Wiedersehen dennoch zu einem freudigen Ereignis trotz »aller Verkehrtheiten, in die er nun rettungslos versunken ist«, wie Schlegel über den Freund urteilte.

Zweifellos war es eine schwärmerisch-spekulative Philosophie, die Novalis vertrat und die er darüber hinaus auch zu leben versuchte, ihre Wurzeln jedoch sind in der persönlichen wie in der politischen Geschichte auszumachen. In der Sehnsucht nach Befreiung von allem Niederdrückenden und Einschränkenden sowie in der enthusiastischen Begeisterung für die schöpferische Persönlichkeit äußerten sich nach der bereits in der Kindheit erlittenen Krankheitserfahrung sowohl der Wunsch nach unversehrter Lebensentfaltung als auch der Anspruch auf eine freiheitliche Entwicklung des Menschen im Zeitalter des revolutionären Kampfs gegen die Reaktion. Philosophie und Kunst bildeten für Novalis Versuche, im Geistig-Ästhetischen auszugleichen, was in der körperlich-geschichtlichen Realität ständig bedroht war. Das absolute Ich, an das Fichte wie Novalis glaubten, war Antwort auf den Tod der Kreatur und auf die reale Unterdrückung des Menschen im absolutistischen Staat.

Der Geist der Romantik, wie er bei Novalis früh und besonders markant hervortritt, verlegt die Erlösung des Menschen angesichts einer unerlösten Geschichtswirklichkeit in die Utopie, zu der die Sehnsucht den Weg weist. Philosophie und Kunst sind Gebärden der Ohnmacht vor der Realität, zugleich aber auch Zeugnisse von der Macht der Phantasie, die gegen das endliche Sein und die Stagnation das unendliche Werden und den Aufbruch setzt, gegen das tödliche Schicksal die Schöpfer-

> Ich habe mir ein Mädchen gewählt. Sie hat wenig Vermögen und ob sie gleich von Adel ist, so ist sie doch nicht stiftsfähig. Es ist ein Fräulein von Kühn. Ihre Eltern, von denen nur die Mutter die Rechte ist, wohnen in Grüningen, einem Gute bey Weißensee ...
> Sehr langer, sehr aufmercksamer Umgang mit dieser Familie befestigten meine Wahl. Lange blieb mir die gegenseitige Wahl zweifelhaft, ohnerachtet ich das Zutraun und die Freundschaft der ganzen Familie genoß; doch glaube ich jetzt derselben versichert zu seyn, besonders wenn Deine Einwilligung Sofiens Besorgnissen ein Ende macht. So fest sie an Ihren Eltern hängt, so fest wünscht Sie mich an den Meinigen hängen zu sehn, und wird ohne gewisse Ueberzeugung Deines Beyfalls sich sicher nicht ausdrücklich für mich decidiren. *Aus einem Brief Friedrichs an den Vater im Juni 1796*

kraft des Künstlers. Romantik ist für Novalis wie für die Romantiker überhaupt ein Lebenszeichen des geistigen Menschen in einer ebenso ungeistigen wie unmenschlichen Zeit.

Auch, was seine beruflichen Lebensverhältnisse betraf, war es für Friedrich von Hardenberg eine Phase der Konsolidierung. Da sich die Pläne, Friedrich im preußischen Staatsdienst unterzubringen, zerschlugen, richtete der Vater bereits Ende 1795 ein Gesuch an den sächsischen Kurfürsten, den Sohn als Verwaltungsbeamten (Akzessist) in der Salinendirektion mit schriftlichen Aufgaben zu betrauen. Am 30. Dezember 1795 wurde dem Gesuch von der kursächsischen Kanzlei stattgegeben, was nicht zuletzt dem ausgezeichneten Ruf, den der Vater als Salinendirektor genoß, zu verdanken war.

Friedrich setzte dem Vorgehen des Vaters schon deswegen keinen Widerstand entgegen, weil der vorgezeichnete Berufsweg ihn endlich finanziell unabhängig machte, so daß er nun an eine endgültige Verbindung mit Sophie von Kühn denken konnte. In Grüningen jedenfalls, wo man bereits befürchtet hatte, der Bräutigam werde eventuell ein Amt in Berlin übernehmen, begrüßte man die Wendung der Dinge. »Der Wunsch meines Vaters und die Rücksicht auf ein sehr glückliches damaliges Verhältnis riß mich in meine jetzige Laufbahn«, erinnerte sich Novalis später, »für die mich vorher weder Neigung noch Studien bestimmt hatten.« Um sich mit den wichtigsten Anforderungen seines neuen Berufs, den er bis zu seinem Lebensende ausgeübt hat, vertraut zu machen, ließ er sich von dem Chemiker und Apotheker Johann Christian Wiegleb in Langensalza in einem vierzehntägigen Kurzlehrgang im Januar in die Grundfragen der Chemie und des Salzabbaus einführen. Im Februar 1796 trat Friedrich von Hardenberg seinen Dienst in der Salinendirektion in Weißenfels an.

Die neue praktische Tätigkeit war denkbar weit entfernt von den philosophischen Studien, die Novalis gerade in letzter Zeit

39 Chemisches
Laboratorium des
18. Jahrhunderts

mit Feuereifer betrieben hatte. Doch enthielt er sich aller persönlichen Beschwerden und Klagen. Vielmehr begriff er seine neue Lebensstation als notwendiges Glied in einer Kette, die ihn trotz allem zum Ziel führen mußte. »Jeder Federzug ist Glied in der teleologischen Kette«, schreibt er im März 1796 an Caroline Just und bedankt sich im gleichen Atemzug für all das, was er bei ihrem Onkel lernen durfte und was ihm jetzt in seinem Berufsfeld sehr zustatten kam. Das günstige Schicksal war für Novalis nicht einfach ein Geschenk der Götter, sondern mußte erarbeitet werden, ein Vorsatz, den er durch eine gewissenhafte Diensterfüllung einlöste. »Ich muß mir mein gutes Schicksal verdienen, und nur die Tugenden eines Geschäftsmanns führen den belohnenswertesten aller Wege.«

Sophies Sterben

»Nur Ruhe und anhaltende Energie der Tätigkeit – da kann aus mir etwas werden.« Die Worte im Brief an den Bruder Erasmus vom Oktober 1795 sprechen das alte Problem Friedrichs an, seine innere Unruhe und Zerrissenheit und zugleich seinen Wunsch nach Geborgenheit und Ruhe. Sie klingen wie eine Selbstermutigung, an die man selbst nicht recht zu glauben vermag und der man doch bedarf, um einen Standort im Leben zu finden.

Alles schien das Vertrauen in solide Lebensverhältnisse zu rechtfertigen. Der Beruf, der ihn unabhängig zu machen versprach und eine geordnete Tätigkeit erforderte, die Braut in Grüningen, mit der er sich schon bald fest zu verbinden gedachte, um in der Ehe und in der Familie seiner inneren Unruhe endgültig Herr zu werden. Und doch wollte sich der gewünschte Zustand nicht einstellen.

Noch unmittelbar vor der Ernennung zum Akzessisten bei der Salinendirektion in Weißenfels schreibt er noch einmal an Erasmus, der in Wermsdorf am Fuß des großen Hubertusburger Gebirges erste Anzeichen einer tödlichen Lungenerkrankung spürte: »Ich habe ohngefähr 3 Stunden des Tags frei id est wo ich für mich zu arbeiten wollen kann.«

Friedrich Schlegel gegenüber nennt er es sein »kainitisches Leben«, das ihn umtreibt. »Das verwünschte Umherstreifen macht mich ganz konfus.« Natürlich brachte der neue Beruf, die weitläufig verstreuten Dienstorte viele Umstellungen mit sich und forderten ein Höchstmaß an Beweglichkeit, zugleich aber, und

---

Ich bin Dir jetzt immer in Atem. Das geht von Einem Ort zum andern. Ich für meinen Teil wäre fürs Stillsitzen ... Übermorgen gehts nach Wiederstedt. Dort bleiben wir 8 Tage. Von da nach Artern, dann nach Kösen auf den Holzmarkt und endlich nach Schlöben. Weiter weiß ich noch nicht – jetzt bin ich noch nicht für eine Odyssee.

An seinen Bruder Erasmus, 1796

das war bereits vorher als ein nicht unwichtiger Antrieb in Friedrichs Wesen hervorgetreten, war er erfüllt von einer Spannung auf ein mehr geahntes als bewußtes Ziel hin, das er zu erreichen sich sehnte und dem er sich mehr als einmal schon ganz nah fühlte. Was Novalis beschreibt, ist der eigene, zutiefst romantische Charakter, die Unmöglichkeit, ankommen zu können, der Aufbruch als Lebensphilosophie.

Bezeichnend ist, daß Novalis in dieser Lebensphase die Stammburg seines Geschlechts besuchte. Im Mai hielt er sich für kurze Zeit auf Schloß Hardenberg bei Nörten auf. Die Reise in die Vergangenheit, weit zurück ins Mittelalter, war willkommene Gelegenheit, die Grenzen der Gegenwart hin zum Vergangenen zu überschreiten und dabei vielleicht auch der verdeckten eigenen Geschichte ein Stück näherzukommen. Daneben nutzte Novalis seine karg bemessene persönliche Zeit, die ›Fichte-Studien‹ zu vollenden und die französische Sprache zu studieren.

Erfüllt aber war er von der Hoffnung auf eine baldige Verbindung mit Sophie. Diese Aussicht gab seinem Leben Halt und Ziel. In seinen Tagebucheintragungen von August/September 1796 findet sich eine erstaunliche Portraitskizze der Braut, ein Bild, das im Grunde wenig mit den bisher eher schwärmerischen Vorstellungen und Entwürfen gemein hat. Hervorstechend sei ihr Wunsch, »allen zu gefallen«, verbunden mit einem »Hang zum kindischen Spiel«. Poetische Literatur schien sie wenig zu interessieren. »Sie macht sich nicht viel aus Poesie«, wie sie denn überhaupt noch nicht zum »eigentlichen reflectiren gekommen zu sein« schien. Verständlich ist in ihrem Alter ihr »Schreck für die Ehe«, was Novalis offensichtlich einigermaßen irritierte. Zugetan sei sie dem »Tabaksrauchen«. Sie esse gern »Rindfleisch und Bohnen« und »trinkt gern Wein«. Wie alle Kinder zeige sie »Gespensterfurcht« und »fürchtet sich für Spinnen und Mäusen«. Den stürmischen jungen Mann aber möchte sie sich noch

---

Sie will sich nicht durch meine Liebe genieren lassen. Meine Liebe drückt sie oft. Sie ist kalt durchgehends.
Tagebucheintragung über Sophia von Kühn, 1796

vom Leibe halten. »Sie läßt sich nicht duzen.« Es entsteht das Bild eines durchschnittlichen Mädchens aus den landadligen Kreisen der Zeit mit all seinen kleinen naiven Lebensfreuden und den geistigen Beschränktheiten. »Sie glaubt an kein künftiges Leben – aber an die Seelenwanderung.«

Sophie führte in Novalis' Bewußtsein eine Art doppeltes Leben. Auf der einen Seite, der realen Erfahrung zugänglich, war sie ein Wesen aus Fleisch und Blut, ein junger Mensch in beschränkten Verhältnissen mit all seinen Unzulänglichkeiten. Auf der anderen aber war sie imaginiertes Modell, Schöpfung spekulativer Wunschträume mit dem Ziel einer ersehnten Harmonie der Geschlechter, die in ihrer Vereinigung das Paradies wiedererlangen. Novalis' Unterscheidung von Mann und Frau trifft den Punkt: »Sie individualisieren, wir universalisieren.« Nicht das Mädchen Sophie weckte die Liebe in Friedrich, vielmehr erweckte sein Liebesideal das Mädchen zum Modell, zur anschaulichen Darstellung eines Glaubens. Was Novalis mit Sophie verband, war weniger deren Eigenart, sondern das, was er von seinen Vorstellungen auf sie projizierte. Nicht auf die Leidenschaft kam es an, für die der besondere Mensch alles ist, sondern auf eine mehr allegorische Beziehung, die im besonderen Bild stets nur die allgemeine Bedeutung spiegelt.

Dem Tagebuch vertraute Novalis sein unverstelltes Urteil an, Beleg für seine durchaus wache Beobachtungsgabe. Nur war ihm, dem romantischen Geist, nicht in erster Linie wichtig, was ist, sondern, was sein sollte. Grundsätzlich waren für ihn das Utopische und Künftige dem bloß Realen und Gegenwärtigen überlegen. Ähnlich offen wie in seinem Tagebuch äußerte sich Novalis auch seinem Bruder Erasmus gegenüber, den er in besonderer Weise ins Herz geschlossen hatte. »Du mußt Dir Grüningen nicht zur fixen Idee machen«, rät er ihm. »Anthropomorphisire Dir diese Idee mehr.« Wenn er sich nur lange genug dort

> Ich werde Grüningen ewig lieben, und wenn ich nie meine jetzige Hoffnung erreichte.
> *An seinen Bruder Erasmus, 1796*

aufhielte, so fährt er fort, würde ihm »der schmutzigere Revers gewiß nicht entgehn«. Klar geschieden sind Wirklichkeit und Idee. Für Novalis aber gilt trotz aller ungeschminkten Erfahrung die ideale Verklärung. Grüningen ist der poetische Ort einer imaginierten Liebeserfüllung, das romantische Arkadien idyllischer Harmonie. Mit dem wirklichen Ort haben Novalis' Idealvorstellungen wenig gemein.

Um so schmerzlicher mußten ihn die Anzeichen einer lebensgefährlichen Erkrankung Sophies treffen. Stellten sie doch das, woran das Ideal unauflöslich gebunden war, grundsätzlich in Frage, indem sie es der Hinfälligkeit aussetzten. Ende November 1795 erfolgte der erste schwere Anfall. »Ich trat ins Haus und fand alles bestürzt«, berichtet Novalis dem Bruder in Weißenfels. »Die Leber war stark entzündet – die heftigsten Schmerzen, seit dem Montag [9. November] schlaflose Nächte, brennendes Fieber – Schon war ihr zweimal zur Ader gelassen – Sie war sehr matt, konnte sich nicht rühren – aber heiter und gelassen.« Beschrieben wird vermutlich das Krankheitsbild einer schweren akuten Hepatitis. Obwohl Sophie deutlich gezeichnet war, erholte sie sich in den nächsten Wochen, so daß Novalis einigermaßen erleichtert abreisen konnte, allein schon, um sich zumindest für kurze Frist persönlich zu entlasten. »Meine Sofie erklärt Mein – so gut, so himmlisch gegen mich – ohne Ahndung, daß Ihre Krankheit noch etwas zu bedeuten habe – voll Hoffnung für die Zukunft«, schreibt er am 18. Juli 1796 an Wilhelmine von Thümmel, die Stiefschwester Sophies. Als Novalis diese Zeilen niederschrieb, war Sophie nach einem schweren Rückfall bereits nach Jena gebracht worden, wo Johann Christian Stark, der Arzt Schillers, am 5. Juli einen operativen Eingriff, wahrscheinlich

40 Der Mediziner Professor Johann Christian Stark (1753–1811). Ölgemälde von Chr. G. I. Oehme, postum 1828

eine Punktion, vorgenommen hatte. Am 16. Juli besuchte sie Novalis am Krankenbett. »Und nun auf einmal die Gefahr Alles zu verlieren«, äußert sich Novalis bestürzt in seinem Brief an Wilhelmine, die Hofdame der Prinzessin Katharina von Schwarzburg-Sondershausen. »In Jena fand ich meine Sofie heiter und gefaßt – aber Stark selbst sprach mir nicht uneingeschränkt, unbedingt Mut zu – ich hoffe nicht – es ist freilich eine bedenkliche Krankheit.« Da aber das Fieber unvermindert anhielt, erachtete man weitere operative Eingriffe für erforderlich.

Gepflegt wurde die Schwerkranke vor allem von ihrer älteren Schwester Friedericke von Mandelsloh. Auch ihre Mutter kam zu Besuch. Am 21. Juli traf Friedrich Schlegel zu Fuß von Leipzig in Weißenfels ein und ließ es sich nicht nehmen, Sophie am 7. August aufzusuchen. Überhaupt war der Anteil, den man an dem tragischen Schicksal des Mädchens nahm, groß. Regelmäßig fand sich der Schriftsteller und Historiker Karl Ludwig Woltmann am Krankenbett ein. Aufsehen erregte der Besuch Johann Wolfgang Goethes Mitte September. Friedericke von Mandelsloh berichtet: »Vor einigen Tagen ist unsere kleine Stube so glücklich gewesen, den großen Geist Göthens in sich zu faßen. Er war scharmant, hielt sich aber nicht lange bei uns auf … verwundert war ich sehr das unsere kleine Stube keinen Spalt bekam, ich hatte aber auch, bei Göthens Ankunft, die Vorsorge sogleich die Fenster zu öffnen.«

Rührend war die Fürsorglichkeit des alten Hardenberg, der ja erst vergleichsweise spät von den Absichten seines Sohns erfahren hatte, sich mit Sophie zu verbinden. Er schlug vor, Sophie nach Weißenfels zu bringen und sie dort gesundzupflegen. »Bei uns ist man

41 Johann Wolfgang von Goethe. Kreidezeichnung von Friedrich Bury, 1800

auf Krankenpflege weit besser abgerichtet. – Man ist viel sorgfältiger und genauer im Brauchen einer Kur – Gesellschaft und Zerstreuung findet sie bei uns schon in der Stadt wegen mehr.«

Bis zum Ende des Jahres blieb Sophie aber noch in Jena. Die Schmerzen hielten an. Zu dem wieder ausbrechenden Fieber trat ein heftiger Husten. Die unaufhörlich eiternde Wunde ließ die Patientin nicht zur Ruhe kommen. »Ich habe zwar etwas Schmerzen, welches dem Hofrat recht lieb ist«, läßt sich Sophie selbst vernehmen. »Er sagt es wär ein Zeichen daß gesund Fleisch da ist.« Den Umständen entsprechend ist sie erstaunlich guter Dinge. »Es Freut mich recht sehr, daß sie alle so wohl und vergnügt sind und besonders Sie lieber Hardenberg mir geht es nicht so ganz wohl ich habe wieder seit einigen Tagen Fieber, welches wohl wieder von der Fatallen Berieode her kommt.« Um der Kranken etwas Ruhe und Erholung zu gönnen, in der Hoffnung, sie werde sich in den ihr vertrauten Lebensverhältnissen schneller und dauerhafter erholen, holte man Sophie kurz vor Weihnachten 1796 nach Grüningen zurück.

In der Tat besserte sich ihr Zustand etwas. Der Eiterfluß verringerte sich, und die Wunde schien zumindest von außen, wenn auch nur sehr langsam zu verheilen. Die wiederholten Einschnitte bei dem akut entzündlichen Zustand rächten sich jedoch. Die operativen Eingriffe führten zu einer zusätzlichen Läsion, die den Entzündungsprozeß auf die Dauer nur verschlimmern mußte. Anfang Februar 1797 erlitt Sophie einen dramatischen Rückfall. Die Wunde brach erneut auf, so daß man sich entschloß, eine Punktion durchzuführen. Aber zu diesem Zeitpunkt war der Entzündungsprozeß nicht mehr aufzuhalten. Die Krankheit trieb ihrer tödlichen Krise entgegen.

Zwischen dem 1. und dem 10. März besuchte Novalis die todkranke Braut zum letzten Mal in Grüningen. »Ich bin aus Thüringen mit der fast apodiktischen Gewißheit zurückgekommen,

---

Kalendereintragungen
Januarius 1797
So. 1.	+Gramma[tik] Phil[osophisches] Organ. Schellings Antikrit[ik]. Langermann. [Friedrich] Schlegel
Mo. 2.	Nach Barnstedt gereist
Die. 3.	Vollends bis Artern und den Nachmittag nach Heldrungen

daß Sofie nur noch wenige Tage zu leben hat«, schreibt er resigniert an Schlegel in Jena. »Wenn ich nur immer weinen könnte, aber so bin ich in einer schlaffen, ängstlichen Gleichgültigkeit, die mir jede Faser lähmt. Es ist eine Verzweiflung in mir, deren Ende ich nicht absehe.« Ihrem unaufhaltsamen Sterben wich er durch seine vorzeitige, überstürzte Abreise aus. Am 17.

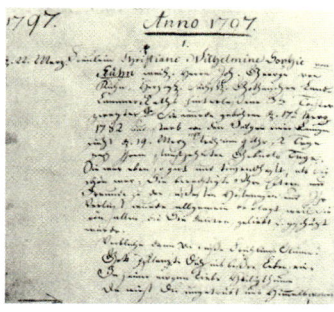

42 Eintragung über Sophies Tod im Grüninger Kirchenbuch

März erlebte Sophie noch ihren 15. Geburtstag. Zwei Tage darauf starb sie in den Morgenstunden. Tief erschüttert teilt Novalis am 22. März Karl Ludwig Woltmann das Ableben seiner Braut mit: »Es ist für mich eine traurige Pflicht, Ihnen die Nachricht mitzuteilen, daß Sofie nicht mehr ist. Nach unaussprechlichen Leiden, die sie musterhaft ertrug, endigte sie den 19. März früh um halb 10 Uhr.«

Todesahnungen befielen den Trauernden. »Es ist Abend um mich geworden, während ich noch in die Morgenröte hineinsah. Meine Trauer ist grenzenlos, wie meine Liebe ... Aber es ist Abend geworden, und es ist mir, als würde ich früh weggehen ...« Das lange Sterben und der Tod der Braut schienen allen paradiesischen Träumen ein jähes Ende gesetzt zu haben. Die Utopie, die er in poetischer Verklärung mit Grüningen zu identifizieren versucht hatte, zerbrach an der düsteren Wirklichkeit. In sich zusammen fielen die Entwürfe erfüllter Harmonie. Vor der endgültigen, unumkehrbaren Wahrheit des Todes mußten Phantasie und Poesie kapitulieren. Novalis durchlitt die schwerste Identitätskrise seines Lebens. Die Wirklichkeit hatte alle Mög-

Mittw. 4.	Früh den Finger gebrochen. Dann nach Gr[üningen] gefahren dort traf ich Langermann
Don. 5.	In Grüningen. Nichts wie Schmerzen.
Fr. 6.	In Gr[üningen]. Nachmittags verloren sich die Schmerzen.
Sa. 7.	Nach Atern zurück.
So. 8.	Nachmittags nach Gleina

lichkeiten eingeholt und abgeschnitten. »Die Gestalten meines Innern zerbröckeln – ich lebe in Ruinen«, beschreibt er Caroline Just seinen Zustand. »Grüningen, die Wiege meines bessern Selbst, ist mir zur Grabstätte geworden – das einsame Grab auf dem kleinen Kirchhofe – die drei Ellen Erde auf dieser himmelvollen Brust – das ist was meine Fantasie erfüllt, die sonst in Paradiesen schwebte.«

Heine, der von Novalis sagte, daß er »mit seinen idealischen Gebilden ... immer in der blauen Luft« schwebe, traf doch nicht die ganze Wahrheit. Auch Novalis sah sich konfrontiert mit den Nachtseiten der Natur und blickte in die Abgründe des Todes. Die Ruine, ein vieldeutiges romantisches Sinnzeichen, offenbart ihm unter dem Andrang des Chaos die Hinfälligkeit der Phantasie und des poetischen Selbst. Und doch ist in den Briefen an Woltmann und Caroline Just ein unverkennbar gestalterisches Bemühen am Werk, das unfaßbar Zerstörerische in Worte zu fassen, der eigenen Verzweiflung und Trauer Gestalt zu geben, die Sprache als Medium der Selbstbehauptung in einer Welt zu entdecken, in der der reale sinnlose Verfall das imaginierte sinnerfüllte Dasein zu usurpieren droht.

Es hat den Anschein, als ob die grauenvolle Wirklichkeitserfahrung die philosophischen Abstraktionen und poetischen Tagträumereien erst mit Leben erfüllt. Was bisher mehr oder weniger unverbindliches Gedankenspiel war, forderte nun heraus, es gezielt einzusetzen gegen die Ohnmacht vor dem scheinbar Unabwendbaren. Die Wirklichkeit des Todes wird zum Anstoß, den Möglichkeiten des Lebens nachzuspüren, angesichts der Ruinen, die das Sterben zurückläßt, die unzerstörbare Ganzheit des Seins nicht aus den Augen zu verlieren.

Als Novalis die Nachricht vom Tode seines Bruders Erasmus am Karfreitag, dem 14. April 1797, erreichte, hatte er bereits begonnen, über die jähen, vom Sterben gezogenen Grenzen hin-

---

Den Ostermorgen feyerte er, vielleicht mit Hinblick auf die Auferstehungsfeyer der Brüdergemeinde, auf dem Grabe Sophiens; er kam aber zur bestimmten Stunde ruhiger und heiterer zu uns zurück. Noch demselben Nachmittag bekam er die Nachricht vom Tode seines mit ihm so fest verbündeten Bruders. Auch da hörte man keine Klagen, sah keine Thränen. Er sprach nur mit Vernunft und Gefühl darüber, und über die damit verwandten Materien; er war sogar gefaßt genug, um über andere Gegenstände mit Geistesgegenwart zu reden. Denn das Fortleben seiner

auszublicken. Zwei Tage vor der Rückkehr des vom Tode Gezeichneten ins Weißenfelser Elternhaus war Novalis nach Tennstedt aufgebrochen – wieder um der unmittelbaren Konfrontation mit dem Sterben, mit der Ohnmacht der Kreatur auszuweichen. »Sein Tod hat weniger Eindruck auf mich gemacht, als er zu jeder andern Zeit gemacht haben würde«, bekennt er in einem Brief an Wilhelmine von Thümmel. »Das Blütenblatt ist nur in die andre Welt hinübergeweht. Der verzweifelte Spieler wirft die Karten aus der Hand und lächelt, wie aus einem Traum erwacht, dem letzten Ruf des Wächters entgegen und harrt des Morgenrots, das ihn zum frischen Leben in der wirklichen Welt ermuntert.« Unwirklich ist die Welt, in der gestorben wird, Wirklichkeit kommt ihr nur dort zu, wo die Ewigkeit des Lebens herrscht.

Die Gewißheit des Sterbens und der Glaube an das Leben haben Novalis zum Dichter gemacht. Der Tod ist beides, Abschied und Aufbruch, nicht Ende, sondern Anfang, nicht Grab, sondern Wiege. Es ist ihm unabweisbar klar, wie er Schlegel über Sophies Ableben wissen läßt, »welch himmlischer Zufall ihr Tod gewesen ist – ein Schlüssel zu allem – Ein wunderbar schicklicher Schritt«. Erst der Tod vergewissert ihn der eigenen Liebeskraft. Die Macht der Seele triumphiert über die Ohnmacht der Kreatur. »Eine einfache, mächtige Kraft ist in mir zur Besinnung gekommen. Meine Liebe ist zur Flamme geworden, die alles Irdische nachgerade verzehrt.« Die Liebe duldet den Tod nicht.

Am beeindruckendsten formuliert Novalis seinen Glauben an das Leben jenseits des Todes im Brief vom 14. April 1797 an Woltmann. »Zufrieden bin ich ganz – die Kraft, die über den Tod erhebt, habe ich ganz neu gewonnen –« Einem Zugvogel fühlt er sich gleich, der dem nahenden Morgen entgegenfliegt. »Wie entzückt werde ich ihr erzählen, wenn ich nun aufwache, und mich in der alten, längst bekannten Urwelt finde, und sie

---

Geliebten und die Wiedervereinigung mit ihnen, waren die herrschenden Gedanken in seiner Seele.
    C. A. Just über Novalis

vor mir steht – Ich träumte von dir: ich hätte dich auf der Erde geliebt – du glichst dir auch in der irdischen Gestalt – du starbst – und da währte es noch ein ängstliches Weilchen, da folgte ich ihr nach.« Novalis' Briefe nach dem Tode Sophies sind mehr als persönliche Mitteilungen. Zumindest ihre zentralen Stellen sind Gestalt und Ausdruck einer Poesie, die mit der Kraft des imaginierenden dichterischen Worts die Grenzen, die der Tod gezogen hat, wieder öffnet für ein unendliches Dasein, in dem die Liebe souverän ist.

Der Mensch kehrt zurück in die paradiesische Urwelt, von wo er aufgebrochen war, um zu sterben, und in die er heimkommt, um zu leben. In der Urwelt ist der Tod auf ewig überwunden. Am Ostersonntag, dem 16. April, am Tag der Auferstehung, besuchte Novalis zum ersten Mal das Grab Sophies auf dem kleinen Friedhof in Grüningen. Die Verse im Grüninger Kirchenbuch von fremder Hand unter dem 19. April 1797 stammen nach Bildsprache und Aussage aller Wahrscheinlichkeit nach von Novalis selbst:

»Verblühe denn, du süße Frühlings Blume.
Gott pflanzte dich ins beßre Leben ein.
In seiner ewgen Liebe Heiligtume
Da wirst du ungetrübt uns Himmelswonne sein!«

43 Kirche und Friedhof von Grüningen

Gestern bin ich 25 Jahr alt geworden – ich war in Grüningen und stand an ihrem Grabe – Es ist ein freundlicher Platz – mit einem einfachen weißen Gatter verschlossen – abgelegen und hoch – Es ist noch Raum da – Das Dorf lehnt sich mit den blühenden Gärten um den Hügel her, und an einigen Stellen verliert sich der Blick in blaue Fernen.
Novalis an Woltmann in Jena am 3. Mai 1797

Einkehr und Studium

»Abends ging ich zu Sophien. Dort war ich unbeschreiblich freudig – aufblitzende Enthusiasmus Momente – Das Grab blies ich wie Staub, vor mir hin – Jahrhunderte waren wie Momente – ihre Nähe war fühlbar – ich glaubte sie solle immer vortreten –«

Die Verwandlungen des Lebens in den Tod und des Todes ins Leben prägten Novalis' Bewußtsein, formten seine Vorstellungen und Visionen und bereiteten das eigentliche dichterische Werk vor. Am Tod, ausgesetzt der Angst vor der endgültigen, unaufhebbaren Vernichtung, entzündete sich der schöpferische Impuls des Menschen, der über die Gegenwart und das Ende hinaus in die Zukunft auf einen Neuanfang zu blicken vermag.

Die berühmte Stelle aus dem ›Journal‹, das Novalis am 18. April 1797 begann und bis zum 6. Juli des Jahres fortsetzte, klingt an Jean Pauls ersten Roman, ›Die unsichtbare Loge‹ (1793), an, als Erstveröffentlichung unter dem Titel ›Mumien‹ erschienen. Wenige Tage vor dem Besuch des Grabs und der Eintragung in das ›Journal‹ hatte der Bruder Carl über seine Leseerfahrungen mit dem Roman geschrieben, der von den jungen Hardenbergs offenbar sehr geschätzt wurde. Genauer geht es um die Stelle im 31. Sektor, wo Gustav trostlos am Sterbebett seines Freundes Amandus sitzt: »Gustav sah nicht auf den Toten, sondern auf den Mond ... ›Streife

44 Jean Paul (1763–1825). Gemälde von Heinrich Pfenninger, 1797

nur hin‹, dacht' er, ›Schatten der Kugel aus Staub, du liegst noch über mir ... aber ihn erreicht deine Spitze nicht ... alle Sonnen liegen nackt vor ihm ... o Eitelkeit, o Dunst, o Schatten, wo ich noch bin.‹ ... Plötzlich schlug die Flötenuhr ein Uhr und spielte ein Morgenlied des ewigen Morgens.«

Das unablässige Kreisen um Tod und Auferstehung, verbunden mit dem Wunsch, der Verstorbenen nachzusterben, führte bereits im ›Journal‹ zu einer mystisch-religiösen Vertiefung der Vorstellung von der Braut. Am Ende der Eintragungen verschmelzen »Christus und Sophie«. Wie der Bräutigam Christus sich mit den Menschen zu ewigem Leben vermählt, indem er sterbend den Tod überwindet, so reicht die Braut nun aus ihrem neuen, unsterblichen Leben dem Geliebten die Hand zum ewigen Bund über den Tod hinaus. In intensiver innerer Einkehr sind die sinnliche Welt und ihre Erscheinungen durchsichtig für das geistige Wesen, in dem alles aufgehoben ist und alles seinen tieferen Sinn erhält. Die Sprache beginnt das Erfahrbare auf seinen essentiellen Kern zu transzendieren, so daß sich das bloß Endliche im Unendlichen auflöst und seine Endgültigkeit in der Vollendung verliert. Mit seinem ›Journal‹ setzte Novalis wichtige Akzente für seine künftigen Dichtungen.

Neben seinen Reisen zu den Salinen führte ihn sein Weg im Sommer 1797 zweimal nach Jena, wo er mit Fichte diskutierte und August Wilhelm Schlegel und dessen Frau Caroline begegnete. Mit Bewunderung hatte er Schlegels Shakespeare-Übersetzungen gelesen. »Dein Bruder hat den Shakespeare jetzt so übersetzen müssen«, schreibt er Friedrich Schlegel. »Jetzt gedeiht das Beste. Er hat einen schönen Kranz errungen.« Besonderen Eindruck hinterließ auf ihn die Lektüre von ›Romeo und Julia‹. »Merkwürdig ist es, daß

45 August Wilhelm Schlegel (1767–1845). Gemälde von Adolf Hohneck, 1830

Du mir jetzt Romeo schicktest. Ich habe ihn oft gelesen. Es ist ein tiefer Sinn in dem, was Du sagst, daß hier mehr, als Poesie, sei.« Das tragische Sterben der Liebenden mußte Novalis stark bewegen, vor allem aber, daß die Liebe am Ende in einem höheren Sinne triumphiert. »In verzehrender Liebe löst sich der wilde Haß auf.«

Novalis' geistige Aufnahmebereitschaft war in dieser Zeit aufs höchste gesteigert. Überall suchte er nach Antworten auf die Fragen nach der Existenz einer höheren Welt, die die bedrückenden Todeserfahrungen zu relativieren und letztlich aufzulösen vermochten. Philosophie, immer mehr aber auch die Dichtung, wurden ihm zu entscheidenden Quellen neuer Einsichten und Erkenntnisse. Ausdrücklich hebt er Schillers ›Musen-Almanach für das Jahr 1798‹ heraus. »Dieser Almanach hat mich von neuem in die Welt der Dichter gezogen – Meine alte Jugendlieb' erwacht.«

Im gleichen Brief vom September 1797 an Friedrich Schlegel erwähnt er auch Friedrich Wilhelm Schellings (1775–1854) 1797 erschienene ›Ideen zu einer Philosophie der Natur‹, mit denen er sich auf Anregung Schlegels auseinandergesetzt hatte. Im Werk Schellings, der wie kaum ein anderer die Philosophie der Romantik vertritt, begegneten Novalis vertraute Positionen. Für Schelling lösen sich die Gegensätze von Subjekt und Objekt, von Realem und Idealem, Natur und Geist im Absoluten im Rahmen eines umfassenden Synthesestrebens auf. Erfaßbar ist das Absolute in der intellektuellen Anschauung, v. a. aber auch in der Kunst, die in der ästhetischen Vereinigung des Trennenden und Getrennten noch über der Philosophie steht. Der geheime große Zusammenhang von Natur und Geist und seine künstlerische Darstellbarkeit überzeugten Novalis spontan. »Schelling könnte in der Kraft Dein Rival sein«, schreibt er Friedrich Schlegel, »er übertrifft Dich vielleicht an Bestimmtheit –«

> Hr. von Hardenberg aus Weißenfels hat einige Male einen Tag bei uns zugebracht. Sie werden ihn hier oft gesehen haben, aber ich weiß nicht, ob Sie je näher ins Gespräch mit ihm gekommen sind. Er ist für uns ein äußerst interessanter Mann, und die schwärmerische Wendung, die ihm der Tod seiner jungen Geliebten, des Fräulein v. Kühn, gegeben hat, macht ihn noch liebenswürdiger, da ein so ausgebildeter Geist sie unterstützt, oder ihr das Gegengewicht hält. Seine Schwermut hat ihn in doppelter Tätigkeit in die abstraktesten Wissenschaften gestürzt: seine innre Unruhe verrät sich dabei durch die Menge und Neuheit seiner eigentümlichen Ansichten.   *August Wilhelm Schlegel am 24. September 1797 an Goethe*

Anfang Dezember begegnete Novalis Schelling persönlich in Leipzig. »Wir haben einige köstliche Stunden symphilosophiert.« Parallel vertiefte sich Novalis erneut in die Schriften des holländischen Philosophen Franz Hemsterhuis, der ihm bereits aus der Zeit in Jena bekannt war. Im Rahmen einer spekulativen Naturphilosophie sind Körperliches und Geistiges, Physisches und Metaphysisches miteinander verknüpft. Aber nicht der Verstand, sondern nur ein im Menschen angelegtes »moralisches Organ« ist in der Lage, diese Verknüpfungen und gegenseitigen Bezüge zu erschließen. Eigentlicher Antrieb dieses Organs ist die Liebe, die das scheinbar Getrennte vereint und Erscheinung und Wesen als prinzipielle Harmonie versteht.

Enthusiastisch teilte Novalis den Glauben des Philosophen an die Wiederkehr eines goldenen Zeitalters, der paradiesischen Urzeit, ein Glaube, der schon bei Vergil auftaucht und in der Renaissance wachgehalten wurde. Novalis las die in französischer Sprache abgefaßte Schrift ›Alexis ou de l'âge d'or‹ im Original. Innerlich bestätigt fühlte er sich in der Hochschätzung der Poesie durch Hemsterhuis. Nur sie erschließt die tiefsten Geheimnisse des Lebens, die wesenhafte Einheit von Sinnlichkeit und Sinn, Bild und Bedeutung. Die Sprache der Dichtung ist, wie Hemsterhuis sagt, die »Sprache der Götter«.

»Aus dem Wirklichen und Möglichen besteht diese Welt«, notiert sich Novalis in seinen ›Hemsterhuis-Studien‹ von Oktober/November 1797. »Beide entstehen aus Einem Prinzip und sind vor Gott Eins. Nur der Mensch unterscheidet zwischen Wirklich und Möglich.« Hemsterhuis' charakteristische Darstellungsweise hat Novalis nachhaltig inspiriert. Es kommt alles darauf an, »jemand auf den rechten Weg zu bringen, oder besser, ihm eine bestimmte Richtung auf die Wahrheit zu geben. Er gelangt dann von selbst, wenn er anders tätig ist, begierig, zur Wahrheit zu gelangen, an Ort und Stelle.«

46 Friedrich Wilhelm Joseph Schelling (1775–1842). Lithographie von Carl Mittag, 1842

Nicht die detaillierte Analyse, die lediglich den passiven Nachvollzug fordert, führt ans Ziel, sondern der gedankliche Anstoß, der das eigene Denken in Gang setzt. »Wir wissen nur, insoweit wir machen.« Insofern besteht die wirklich Anstoß gebende Philosophie aus lauter Themas, Anfangssätzen – Unterscheidungssätzen – bestimmten Stoßsätzen. Deutlich vorgezeichnet sind in solchen Überlegungen bereits die eigenen Darstellungsformen, die bewußt fragmentarisch formulierten Einsichten, die nur durch die eigene gedankliche Tätigkeit des Lesers zur Rundung geführt werden können. »Erst jetzt hab ich mich von Hemsterhuis trennen können«, schreibt Novalis im November 1797 an Schlegel und gibt damit den bedeutenden Einfluß zu erkennen, den der holländische Philosoph in Aussage und Darstellung auf ihn ausgeübt hat.

Ende 1797 begann noch einmal ein neuer Lebensabschnitt für Novalis. Schon im September hatte er den Entschluß gefaßt, an der renommierten Bergakademie Freiberg, 40 Kilometer südwestlich von Dresden, ein Studium aufzunehmen. Einmal glaubte er, dadurch seine praktische Kompetenz als sächsischer Salinenbeamter steigern zu können, und zum anderen versprach er sich von den gelehrten Wissenschaften weiteren Aufschluß über den Zusammenhang von physischer und metaphysischer Welt.

Freiberg am Osterzgebirge, einst die größte Stadt Sachsens, war schon im Mittelalter wegen ihrer reichen Silbervorkommen berühmt. Im Jahre 1765 gründete man dort nicht zuletzt auf Anregung des Großonkels Friedrich von Hardenbergs, Friedrich Anton von Heynitz (1725–1802), und des Oberberghauptmanns Fried-

47 Die Bergakademie in Freiberg. Holzschnitt nach einer Zeichnung von K. Winkler

rich Wilhelm von Oppel (1720–69) eine Bergakademie, die sich schon bald größter wissenschaftlicher Anerkennung erfreute. Im Oppelschen Hause befanden sich der erste Hörsaal und ein umfangreiches Mineralienkabinett. Besucht wurde die Akademie unter anderen von Alexander von Humboldt, Johann Wolfgang Goethe und Theodor Körner.

Nachdem ihm Anfang November die kurfürstliche Erlaubnis zur »Anhörung der Vorlesungen« erteilt worden war, reiste Novalis am 1. Dezember von Weißenfels aus an seinen neuen Studienort, wo seinerzeit etwas mehr als 50 Studenten eingeschrieben waren. Hier erwartete ihn ein reiches wissenschaftliches Angebot, das ihm nach dem Wunsch des Vaters erlaubte, sich zum kompetenten Bergbaufachmann auf neuestem Wissensstand auszubilden. Seine Studien richteten sich im umfassenden Sinn auf Chemie, Physik, Mathematik, Geologie, Mineralogie und das Bergrecht. Die Erlaubnis für Grubeneinfahrten brachten ihn in Berührung mit der Arbeit unter Tage.

Faszinierend war für ihn die Gesteins- und Mineralkunde. Der Karfunkel, der Hyacinth und die Turmaline sollten sich in seinen Werken zu schillernden poetischen Bildern entwickeln. Besonders angezogen fühlte er sich von dem Lehrer der Mineralogie und Akademie-Inspektor Abraham Gottlob Werner (1749–1817), der mit seinem Buch ›Von den äußerlichen Kennzeichen der Fossilien‹ (1774) großes wissenschaftliches Ansehen gewonnen hatte. Für Novalis war Werner »mein unvergeßlicher Lehrer und Freund«, »die Bekanntschaft mit Werner hat eine neue Lebhaftigkeit und Richtung in meiner Tätigkeit zur Folge gehabt«. Später setzte er ihm in seinem Roman ein Denkmal.

Die streng naturwissenschaftliche Ausrichtung des Studiums bereitete ihm jedoch auch einiges Unbehagen, zumal das Empirische das Spekulative zusehends verdrängte. »Jedoch hat mich meine alte Neigung zum Absoluten auch diesmal glücklich aus

---

Es fehlt mir nur so sehr an Büchern – noch mehr an Menschen, mit denen ich philosophiren, an denen ich mich electrisiren könnte. Ich producire am meisten im Gespräch, und dies fehlt mir hier ganz. *An August Wilhelm Schlegel in Freiberg, 24. Februar 1798*

dem Strudel der Empirie gerettet.« Was Novalis vermißte, waren geistige Auseinandersetzungen, spontaner Austausch und philosophische Vertiefungen. Die ganze Art des Studiums mit seinem Gewicht auf faktischem Wissen, das es aufzunehmen und zu reproduzieren galt, kam ihm, der die kreative Selbstentfaltung über alles schätzte, wenig entgegen. Es fehlte ihm schlicht an der »Erlaubnis den Kopf anzustrengen«.

Gesellschaftlichen Kontakt fand er zunächst weniger in Freiberg als in der Umgebung mit den dort ansässigen adligen Familien, die mit dem Hause Hardenberg in der einen oder anderen Weise verbunden waren. Auf Gut Oberschöna bei Freiberg traf Novalis Hans Georg von Carlowitz, einen Studienfreund aus der Leipziger Zeit. Carlowitz war ein politisch aktiver junger Mann, Angehöriger einer oppositionellen Adelsgruppe, die auf die Reform der unzeitgemäßen, weitgehend reaktionären sächsischen Ständeverfassung drängte. Wie Carlowitz gehörte auch der mit Novalis fast gleichaltrige Dietrich von Miltitz zur jungen Opposition im Lande. Seine Heirat mit einer bürgerlichen Engländerin im Jahre 1796 war fast so etwas wie ein gesellschaftlicher Skandal gewesen. Einer der Vormünder Dietrichs war der alte Hardenberg. Zu Hause waren die Miltitzens auf Schloß Siebeneichen bei Meißen, wo Novalis das Weihnachtsfest 1797 verlebte. Von Siebeneichen aus schreibt er am 26. Dezember an Friedrich Schlegel: »In Freiberg bin ich ganz

48 Abraham Gottlob Werner (1749–1817). Gemälde von Gerhard von Kügelgen

isolirt – Ich bedarf geistiger Würze.« Offenbar vermochten ihm auch die jungen adligen Freunde nicht zu geben, was er so ausdrücklich vermißte, zumal er deren politischem Engagement relativ unbeteiligt gegenüberstand.

Das Frühjahr 1798 bescherte ihm eine Begegnung mit den klassischen Dichtern aus Weimar. Am 29. März 1798 besuchte er zusammen mit August Wilhelm Schlegel Goethe in Jena. Abends nahm man eine Einladung bei Schiller wahr. Während seines Kuraufenthalts in Teplitz in den Monaten Juli und August begann Novalis seine Eindrücke zu verarbeiten. Goethe ist ihm ein »ganz practischer Dichter ... – höchst einfach, nett, bequem und dauerhaft«. Sein Werk drängt ihm den Vergleich mit dem englischen Keramiker Josiah Wedgwood (1730–95) auf, der sein feines Steingut mit einem Dekor nach antiken Motiven schmückte. »Er [Goethe] hat in der deutschen Literatur das getan, was Wedgwood in der englischen Kunstwelt getan hat.« Novalis billigt Goethe durchaus einen feinen Geschmack und hohen Kunstverstand zu, doch verharrt für ihn sein Schaffen in einer klassizistischen Formkunst, die mehr intellektuell als intuitiv, mehr schön als tief ist, weniger charakteristisch und individuell als normativ und gesellschaftsbezogen. »Goethe wird und muß übertroffen werden – aber nur wie die Alten übertroffen werden können, an Gehalt und Kraft, an Mannigfaltigkeit und Tiefsinn.«

Mehr als einmal führte ihn sein Weg zu der 40 Kilometer von Freiberg entfernten sächsischen Metropole Dresden im Elbtal

mit ihren reichen Kunstschätzen und Gemäldegalerien und ihrer barocken Architektursilhouette, der die Stadt den bewundernden Namen Elb-Florenz verdankte. Am 25./26. August 1798 besuchte Novalis mit Schelling und den Schlegels die berühmte Dresdener Kunstgalerie. Zu Raffaels ›Sixtinischer Madonna‹ notiert er sich in seinen ›Studien zur bildenden Kunst‹: »Die Madonna./Der Mensch ist ein sich selbst gegebenes historisches Individuum, graduelle Menschheit. Wenn die Menschheit die höchste Stufe erreicht hat, so offenbart und schließt das Höhere von selbst sich an.«

In Dresden, unter August dem Starken (1670–1733) zu einer der prächtigsten Barockresidenzen gestaltet, besuchte Novalis unter anderem die Familie des Hofwirtschaftssekretärs Ernst, verheiratet mit einer Schwester der Brüder Schlegel, und die Manteuffels, ein pommersches Adelsgeschlecht, aus der sächsische Kabinettsminister hervorgegangen waren und aus dem der spätere Generalfeldmarschall Edwin von Manteuffel stammte. Mit Hans Carl Erdmann von Manteuffel hatte Novalis in Leipzig und Wittenberg studiert. So fand er in Dresden leicht Zugang

50 Canaletto, Dresden vom rechten Elbufer mit Augustusbrücke und Frauenkirche. Ölgemälde, 1748

◀ 49 Schloß Siebeneichen bei Meißen, wo Novalis wiederholt zu Gast bei der Familie von Miltitz war

zur Gesellschaft des Justizrats Ernst Friedrich Adam von Manteuffel und dessen Frau Johanna, einer geborenen von Wagner, deren Vater geheimer Finanzrat war.

Beweglicher wurde Novalis noch, als ihm der Vater 1798 großzügig ein Pferd schenkte. »Mit dem Pferde hast Du mir einen unschätzbaren Gefallen getan. Diese Bewegung scheint mir sehr gut zu bekommen. Meine Anfälle sind seltner und schwächer. Am Sonntage bin ich in Dresden gewesen ... Für das Pferd dank ich Dir herzlich, denn schon der Glaube an die Heilsamkeit des Reitens ist mir zuträglich.«

Bei aller Freude schwingt das Gefühl einer schwachen, gefährdeten Gesundheit mit, wie sich überhaupt in der Freiberger Zeit die Hinweise auf eine schleichende Erkrankung mehren. »Mit meiner Gesundheit hats seit 14 Tagen wieder gehinkt.« – »Wäre meine Gesundheit im Stande, so lebt ich jetzt glücklich wunderbare Tage.« Mitunter überwältigen ihn düstere Todesahnungen. »Der frühe Tod ist jetzt mein großes Los – das Fortleben der zweite Gewinn.« Unüberhörbar machten sich bereits die ersten Anzeichen der tödlichen Krankheit bemerkbar, die er bei seinem Kuraufenthalt in Teplitz zwischen Juli und August 1798 zu behandeln versuchte. Unterschwellig wirkt weiter der Wunsch, der geliebten Sophie nachzusterben, mit.

Nach seiner Rückkehr aus Teplitz begegnete Novalis im Oktober in Leipzig zum ersten Mal Jean Paul, dem bedeutenden humoristischen Erzähler. Bereits in seinen ›Fichte-Studien‹ hatte er sich, allerdings distanziert, zu dessen Büchern geäußert. Es sei, »so entsetzlich viel überflüssiges und langweiliges« darin. »Selten ist der Plan und die große Verteilung ästhetisch.« Rahel Just, die seit 1796 mit dem Kreisamtmann verheiratet war, kündigt er im Dezember 1798 an: »Jean Paul bring ich auf Ostern nach Tennstedt. Er muß mir von Weimar aus nach diesem Salem folgen.« Aus dem Besuch wurde allerdings nichts. Novalis hat

---

Wir haben Deinen Hardenberg zweimal gesehen. Du kannst Dir denken, mit welchen Erwartungen. Er hat sie alle übertroffen. In das Bild, das wir uns von ihm machten, mischten sich einige Züge jener Lebhaftigkeit, die sich durch seinen letzten Kummer zum schönsten Feuer gemildert hat. Wir hatten ihn uns nicht so einfach – nicht so ruhig im Äußern – und weit absprechender gedacht. Aber es ist unter uns allen *eine* Stimme – und jeder rühmt ihn in seiner Manier. Mein Vater ist von den Zügen seines wohlwollenden Herzens recht väterlich gerührt. Mein Mann freut sich

Tennstedt zeit seines Lebens große Anhänglichkeit entgegengebracht. Ein Salem ist es für ihn gewesen, ein Ort des Wohlbefindens, des Heils und des Friedens. Dies belegen nicht zuletzt die Briefe, die er regelmäßig an den Amtmann, dessen Nichte Caroline und dessen spätere Frau Rahel geschrieben hat.

Eine willkommene Ablenkung bedeuteten für Novalis die Kontakte, die sich jetzt auch in Freiberg ergaben. Johann Adolf von Thielmann, Offizier und später kommandierender General im westfälischen Münster, den Novalis in Artern kennengelernt hatte, verschaffte ihm Zugang ins Haus des Berghauptmanns Johann Friedrich Wilhelm von Charpentier in der Burgstraße. Thielmann war mit Wilhelmine, der ältesten Tochter des Hauses, verheiratet. Charpentier, zuvor Professor für Mathematik und Physik, hatte das Bergamt seiner Stelle an der Akademie vorgezogen. In seinem Hause lebten noch drei Söhne und zwei Töchter, unter ihnen Julie, die jüngste, 1776 geborene Tochter. Von ihr schreibt Novalis in einem Brief an Caroline Just: »Julchen ist ein schleichendes Gift ... man findet sie, eh man sich versieht, überall in sich, und es ist umso gefährlicher, je angenehmer es uns deucht.« Als »junger Waghals«, wie er meint, »würde ich einmal eine solche Vergiftung probieren – So aber, abgestumpft, wie ich bin, reizt es meine alten Nerven nur so eben zu leichten, fröhlichen Vibrationen und erwärmt stundenlang mein starres Blut«. Auch wenn er später bekennt: »Sie ward mir nach und nach unentbehrlich«, läßt sich doch kaum leugnen, daß von einer großen Liebe nicht die Rede sein kann. Eine romantische Spannung, ein schwärmerisches Verzücktsein kamen nicht mehr auf. Der immer noch junge Mann fühlte sich seit seinem tragischen Erleben um Jahre gealtert, unfähig zu frischer emotionaler Spontaneität. Was übrigblieb, war das Gefühl befristeter Entspannung, einer persönlichen Wärme, die vom anderen ausging, die vorübergehend fröhlich stimmte und inner-

---

seiner so äußerst feinen Urteile, mein Bruder rühmt seine Gelehrsamkeit ... Von der Fülle und Eigentümlichkeit seines Geistes sage ich nichts, wir waren auf diese vorbereitet.
Johanna von Manteuffel an Rahel Just in Tennstedt, 1797/98

lich entlastete. Im Dezember 1798, ungefähr ein Jahr, nachdem er sein Studium in Freiberg aufgenommen hatte, verlobte sich Novalis mit Julie von Charpentier.

Nach seinen Reiseeindrücken und anregenden Studien schien das Ende des Jahres nun auch eine entscheidende persönliche Wende in sein Leben zu bringen. Doch er war realistisch genug, auch die wirtschaftlichen Probleme, die einer Ehe- und Familiengründung noch im Wege standen, nicht zu übersehen. »Ich habe Julien hierbei nicht verhehlt, daß unserem Plane noch manche Schwierigkeiten entgegenstanden ... Die Hauptschwierigkeit ist Mangel an Auskommen.« Sein Studium hatte ihn finanziell erneut abhängig gemacht, und überdies war er sich auch einer neuen Anstellung nicht völlig sicher.

Entscheidender und tiefgreifender aber war, daß die große Enttäuschung seines Lebens nicht überwunden war und vielleicht auch nicht überwunden werden konnte. Die Hoffnung auf die Verwirklichung eines irdischen Liebesparadieses als Vorschein auf die Wiederkehr des goldenen Zeitalters war gründlich enttäuscht. Der Tod der Geliebten hatte ihn aus allen Tagträumen, die sich an das irdische Dasein geknüpft hatten, verwiesen in ein Unendliches jenseits des tragisch erfahrenen Lebens, wo sich erfüllt, was ihm im Endlichen versagt ist, wohin allein der Tod zu führen vermag. »Das Schicksal eines sehr liebenswerten Mädchens hängt an meinem Entschlusse – und meine Freunde, meine Eltern, meine Geschwister bedürfen meiner mehr, als je«, offenbart sich Novalis Friedrich Schlegel in seinem Brief vom 20. Januar 1799. »Ein sehr interessantes Leben scheint auf mich zu warten – indeß aufrichtig wär ich doch lieber todt.«

51 Julie von Charpentier (1776–1811), Novalis' zweite Verlobte. 1804 heiratete sie den ungarischen Freiherrn Karl von Podmanitzky. Silberstiftzeichnung von Dora Stock

Facetten, Fragmente, Phantasien

Die Freiberger Zeit ist die Initiationsphase des Dichters und Denkers Novalis, die Geburtsstunde eines poetischen Bewußtseins, das zur Erkenntnis seiner selbst gelangt und sich in den verbleibenden wenigen Lebensjahren in ungewöhnlich schöpferischer Fülle entfaltet. Die entscheidenden poetischen wie philosophisch-naturwissenschaftlichen Werke entstehen in einer erstaunlich kurzen Zeitspanne und formen sich nach einer mehrjährigen Inkubationsphase zu zentralen Erfahrungsmustern und Kernstellen des neuen romantischen Geistes. Ausnahmslos reichen alle wichtigen Arbeiten in die Freiberger Zeit zurück. Einiges kommt zum Abschluß, der bei einem Geist wie Novalis immer nur ein vorläufiger sein kann, anderes wird entworfen, unablässig auf der Suche nach der angemessenen Aussageweise dessen, was sich immer bedrängender in seinem Innern zu Wort meldete. In der Freiberger Zeit, freigesetzt von unmittelbar beruflichen Verpflichtungen, regte sich ein schöpferischer Geist, der das Selbstverständnis und die späteren Ausdeutungen der Romantik nachhaltig geprägt hat.

In einem wahren Schaffensrausch entstanden lyrische Facetten, aphoristisch zugespitzte Fragmente und philosophische Phantasien, in denen sich wissenschaftliche Erkenntnisse, intellektuelle Anschauung und intuitive Spontaneität eigentümlich und unverwechselbar mischten. Nichts schien vollendet, alles hatte den Charakter des Anstößigen, des Anstoßgebenden für das Gegenüber, den Leser, der bereit war, den Impuls aufzunehmen und sich einzulassen auf einen unendlichen Dialog. Novalis' dichteri-

---

Zum Genuß des Guten schein ich nicht gemacht zu sein – so empfindlich ich auch für dasselbe zu sein glaube. Zum beharrlichen Gegenwirken fehlt es mir an Ruhe – im unaufhörlichen Streben nach einem dunklen Etwas begriffen, bin ich nicht im Stande, alle guten, liebevollen Eindrücke zu erwidern. Dieser beständige Kampf, um mich selbst zu erhalten, raubt mir die Kräfte ...

An Caroline Just in Freiberg, 5. Februar 1798

sches wie philosophisches Werk zeigt ein markantes essayistisches Profil, ist im Kern tentative Annäherung an die innere Wahrheit, die nach Worten ringt und doch niemals ausformuliert werden kann. Sie schließt nicht ab, sondern öffnet stets neue Sichtweisen und erschließt nie beschrittene Wege des Erkennens, deren Ziele weniger gewußt als geahnt sind. Novalis ist einer der Initiatoren der Moderne, die das enzyklopädisch-philologische Zeitalter überwinden und auf den selbständig verstehenden Menschen setzen, dessen Erkenntnisse sich zu Facetten einer individuell unverwechselbaren Weitsicht zusammenfügen. Er ist Vertreter der jungen Revolution in Europa, die gewillt war, auch den Ballast autoritären Wissens abzuwerfen, um den Menschen, der darunter verschüttet war, wiederzuentdecken. In der deutschen Revolution begehrte der freie menschliche Geist auf gegen enzyklopädische Erstarrungen und autoritäres Herrschaftswissen. Die Romantik war Medium eines Aufbruchs, der über alle allein von der Vernunft gezogenen Grenzen hinausdrängte, indem er dem freien Geist des Menschen und seiner in ihm angelegten Kompetenz, selbst zu verstehen, zutraute, schließlich auch im umfassenden Sinn eine bessere Welt zu schaffen.

Die Freiberger Zeit leitet eines der bedeutendsten Gedichte von Novalis ein, ›Der Fremdling‹, für den 22. Januar, den Geburtstag der Frau Bergrätin von Charpentier geschrieben. Aber es ist alles andere als ein Gelegenheitsgedicht. Nicht die Jubilarin steht wie erwartet im Mittelpunkt, sondern der Dichter selbst, das lyrische Ich, ein Fremdling aus einer anderen, freieren Welt, verirrt in eine Gegenwart, die von Jahr zu Jahr, von Geburtstag zu Geburtstag sich dem Ende zuneigt und ihr tödliches Schicksal zu erkennen gibt.

In der Spannung zwischen vergangener Erfüllung und gegenwärtigem Ungenügen breitet sich eine zutiefst elegische Stim-

> Müde bist du und kalt, Fremdling, du scheinest nicht
> Dieses Himmels gewohnt – wärmere Lüfte wehn
> Deiner Heimat und freier
> Hob sich vormals die junge Brust.
>
> Streute ewiger Lenz dort nicht auf stiller Flur
> Buntes Leben umher? spann nicht der Frieden dort

mung aus, eine unstillbare Sehnsucht nach jenem Zustand der Wärme, des ewigen Frühlings, der stillen Eintracht mit der Natur und des ungestörten Friedens. Doch das goldene Zeitalter ist versunken wie Atlantis, das einst blühende Arkadien hat sich zu einer Utopie verflüchtigt, zu einem Ort, der nicht länger ausgemacht werden kann, zu einem Schemen schwindender Erinnerung, und doch bildet die Vergangenheit die einzig lohnende Zukunft, das Ziel der Sehnsucht, die über die kalte, lähmende Gegenwart hinausdrängt.

Das lyrische Ich, Emissär aus jenem versunkenen Reich, hält die Erinnerung wach und den Glauben an eine mögliche Rückkehr in die Heimat, die einmal war und wieder sein wird. Das Paradies ist entrückt, aber nicht zerstört, weil es seiner Natur nach ewig und unzerstörbar ist. Nur die Zeit, die pausenlos Vergangenheiten schaffende Geschichte hat es den Blicken entschwinden lassen. Das Geschichtsbewußtsein ist nicht progressiv, sondern retrospektiv. Nichts Neues, noch niemals Dagewesenes gilt es, durch die politische Tat zu erzwingen, vielmehr geht es darum, das Alte, einst Gewesene und weiterhin Existierende mit der Kraft des Geistes wiederzuentdecken, um das, was unverbrüchlich zu sein scheint, die enttäuschende Gegenwart, in ihrer Hinfälligkeit aufzuheben.

Novalis wählt die Form der asklepiadeischen Ode, in der vor ihm schon Klopstock seinen ›Zürchersee‹, Hölty ›Die Mainacht‹ und Hölderlin ›Heidelberg‹ geschrieben hatten. Stets ging es dabei um die wehmütig herbeigeschworene Vision eines paradiesischen Zustands, einer zeitlosen Daseinsform, eingebettet in die Schönheit der Natur und in den Frieden eines ewigen Frühlings. Im besonderen Maße scheint gerade diese Odenform geeignet, in elegischer Rückwärtsgewandtheit das vollkommene Glück zu erinnern. Die beiden einleitenden, breit ausschwingenden Zeilen mit ihren in der Mitte aufeinanderstoßenden Hebungen markie-

> Feste Weben? und blühte
> Dort nicht ewig, was einmal wuchs?
>
> O! du suchest umsonst – untergegangen ist
> Jenes himmlische Land – keiner der Sterblichen
> Weiß den Pfad, den auf immer
> Unzugängliches Meer verhüllt.
>
> *Aus ›Der Fremdling‹, 1798*

ren einen deutlichen Einschnitt und gliedern die Zeilen jeweils in zwei Halbzeilen, die sich spiegelbildlich zueinander verhalten. Es entsteht der Eindruck einer wohlgeordneten Symmetrie als Ausdruck vollendeter Schönheit. In den beiden Abschlußzeilen, die jeweils die erste bzw. die zweite leicht erweiterte Halbzeile wiederholen, scheint die harmonische Symmetrie auseinandergebrochen, Stückwerk der einstigen Synthese und doch Spuren dessen, was einmal vereint war jenseits der trennenden Zeit.

Nur der Dichter hat die Gabe, diesen Zustand in der Sprache und der poetischen Struktur wiederzuerinnern. Nur in der ästhetischen Form spiegelt sich das einmal Gelebte, Verlorengegangene und durch den visionären Blick des Dichters wieder Ahnbare. Im Augenblick aber ist der Geburtstag im Kreis der Familie ein Vorschein auf die einstige Eintracht, eine Feier, die man in deren Andenken begeht.

Die Erinnerung an das »himmlische Land« mündet jenseits des gegenwärtigen Geburtstags im Hause des Bergrats in die Ahnung des wirklichen Geburtstags des Menschen, dem kein Tod mehr folgen wird, weil er aller Zeit enthoben ist. Der reale Anlaß erscheint transparent für transzendentes Erleben. Die Gegenwart ist nur Anstoß für den Blick auf eine erlösende Zukunft. Deutlich kündigt sich in dieser Ode Novalis' magischer Idealismus an, den er in Anlehnung an Fichte zu entwickeln begann: die Verwandlung der Welt, der Geschichte und der Gegenwart durch die Kraft des Geistes. Das dichterische Wort, in dem sich der Wunsch nach Veränderung und Beeinflussung objektiviert, wird zur magischen Sprachgebärde. Der Dichter hat teil an einem Wissen aus längst versunkenen Epochen, das aber unabhängig von Fortschritt und historischen Abläufen wirksam ist, weil es immer schon alle Lösungsmöglichkeiten in sich schließt.

Der Verzicht auf politisch eingreifendes Handeln, wie er seit der deutschen Romantik bis weit ins 19. Jahrhundert hinein zu

---

Bleibt dem Fremdlinge hold
   – spärliche Freuden sind Ihm hienieden gezählt
   – doch bei so freundlichen
Menschen sieht er geduldig
Nach dem großen Geburtstag hin.

Aus ›Der Fremdling‹, 1798

beobachten ist, verweist auf die realgeschichtliche Ohnmacht des Bürgers im territorial zergliederten Deutschland und auf den Fortbestand autoritärer Öffentlichkeitsstrukturen. Nicht von ungefähr prägte Madame de Staël, die Weimar und Berlin besuchte und ihre Kinder der Erziehung August Wilhelm Schlegels anvertraute, in jener Zeit das aufschlußreiche Wort von den Deutschen als dem Volk der Dichter und Denker. Novalis wurde zu einem seiner charakteristischen Vertreter.

52 Anne Louise Germaine de Staël-Holstein (1766–1817), Schriftstellerin (›De l'Allemagne‹, 1813/14). Ölgemälde von P. Gérard

Der geistige Aufbruch in den Freiberger Gedichten ist immer auch ein Aufbruch in das eigene Selbst. In den Distichen ›Kenne dich selbst‹, datiert auf den 11. Mai 1798, bekennt sich Novalis in Anlehnung an alchimistische Erkenntnisverfahren zum Verständnis des eigenen Ichs als Quelle allen Welterkennens.

An die Stelle der Elixiere bzw. des Steins der Weisen, mit denen die Alchimisten durch ständiges Mischen in einem Kolben aus unedlen Metallen edles Gold oder aus einfachen Stoffen ein Allheilmittel, ein Panazee, herzustellen versuchten, tritt nun die Selbsterkenntnis. Der Mensch, der zu sich selbst aufbricht, ist der wahre Adept, der König, das Gold ist in ihm selbst. Sein Selbst, wenn er es denn ergreift, um es zu begreifen, ist der wahre Schlüssel zur Welt. Welterkenntnis setzt Selbsterkenntnis voraus. Magie und Alchimie werden fern von Aberglauben und okkulten Praktiken zu Wegen der Selbstfindung, zu geistigen

---

Wer von sich selber den Stein ewiger Weisheit begehrt,
Nur der vernünftige Mensch ist der echte Adept – er verwandelt
Alles Leben und Gold – braucht Elixiere nicht mehr.
In ihm dampfet der heilige Kolben – der König ist in ihm
Delphos auch und er faßt endlich das: Kenne dich selbst.
›Kenne dich selbst‹, 11. Mai 1798

Handlungen des selbstschöpferischen Menschen, der aus dem Labyrinth der Mystifikationen ganz im Sinne Kants wie aus seiner »selbstverschuldeten Unmündigkeit« heraustritt. Die Inschrift im Vorraum des Apollotempels in Delphi, »Kenne dich selbst«, wird zum Aufruf, sich selbst zu befreien.

Nur wer seinem Ich und der verwandelnden Kraft des Geistes vertraut, wird die Fesseln, die ihm Geschichte und Gesellschaft angelegt haben, letztlich abstreifen. Der Königsweg führt allein über die geistige Selbstwerdung. Auffällig ist auch hier die Verwendung klassischer Versmaße, diesmal des auch von den Klassikern geschätzten Distichons, gefügt aus einem Hexameter und einem Pentameter. Das Distichon ist Medium einer gedanklich orientierten Lyrik, ein dichterischer Versuch, fundamentale Einsichten zu pointieren. Das regelmäßige Zusammenstoßen zweier Hebungen in der Mitte des Pentameters unterstreicht das Streben nach einer gedanklich Halt gebenden, einprägsamen Formulierung.

In Freiberg legte Novalis letzte Hand an seine zwischen Philosophie und Poesie schillernden Fragmente. Im Kern handelte es sich dabei um bereits während des Jahres 1797 konzipierte Gedanken und Ideen. Das fertige Manuskript schickte er am 24. Februar 1798 an August Wilhelm Schlegel in Jena. Um den neuen künstlerischen und philosophischen Aufbruch um die Jahrhundertwende auch programmatisch zu untermauern, hatten die Brüder Schlegel seit einiger Zeit die Herausgabe eines eigenen Organs geplant. Zu dem kleinen Kreis von Mitarbeitern, die persönlich eingeladen wurden, sich zu beteiligen an der »Symphilosophie«, war neben dem Religionsphilosophen Friedrich Ernst Daniel Schleiermacher (1768–1834) auch Friedrich von Hardenberg, der in seinem Begleitbrief zum ersten Mal das Pseudonym nennt, unter dem er als Dichter bis heute bekannt ist. »Hätten Sie Lust öffentlichen Gebrauch davon zu machen, so würde ich um

---

Transzendente Ideen haben einen bloß intelligiblen Gegenstand, welchen ... als ein durch seine unterscheidenden und inneren Prädikate bestimmbares Ding zu denken, wir weder die Gründe der Möglichkeit, noch die mindeste Rechtfertigung ... haben, und welcher daher ein bloßes Gedankending ist.

Immanuel Kant, ›Kritik der reinen Vernunft‹, 1781

die Unterschrift Novalis bitten – welcher Name ein alter Geschlechtsname von mir ist, und nicht ganz unpassend.« Der lateinische Name Novalis für den, der Neuland bestellt, zielt auf das innovative Bewußtsein der jungen Generation um die Brüder Schlegel, auf das Konzept eines Denkens und Dichtens, das sich sowohl von der bürgerlichen Aufklärung wie von dem Ideal immanenter humaner Vollendung abwendet und weit über das endlich Erfahrbare hinausgreift. In der Osterzeit 1798 erschien die erste Nummer des ›Athenäums‹, eigentlich der Name des Tempels der griechischen Göttin Athene, der jungfräulichen Göttin der Künste. Den zweiten Beitrag bildeten die ›Blütenstaub‹-Fragmente, die Novalis zu einem der führenden Geister der frühromantischen Bewegung avancieren ließen. Eingegangen darin sind im wesentlichen auch die ›Vermischten Bemerkungen‹. ›Blütenstaub‹ verweist sowohl auf den befruchtenden Autor wie auf den zu befruchtenden Leser. Nur in ihm kann die Frucht durch die Übertragung des fruchtbaren Gedankenguts reifen. Bewußt wählt Novalis die offene Form des Fragments, die vor ihm eindrucksvoll schon Herder in seinen ›Fragmenten über die neuere deutsche Literatur‹ (1767) und Lessing in seinen ›Wolfenbüttler Fragmenten‹ (1784) verwendet hatten. Das frühromantische Fragment ist Ausdruck dynamischen Denkens, das nicht das Zuständliche, sondern das Werdende, nicht das Vollendete, sondern das Unendliche betont. Zentrum ist die Überzeugung von der entgrenzenden Freiheit des menschlichen Geistes. Zugleich ist es in seiner Vorläufigkeit und Anstößigkeit ein kommunikatives Medium höchsten Ranges, das den Leser nicht einfach mit gedanklichen Produkten be-

53 Titelblatt des ersten ›Athenäums‹, erschienen 1798

dient und ihn belehrt, sondern ihn öffnet und anregt, selbst zu produzieren. Das Fragment ist literarischer Ausdruck der »Symphilosophie«, des Zusammendenkens im unendlichen Dialog der philosophischen Geister, unter denen der Autor und der Leser gleichberechtigt sind und jederzeit die Plätze tauschen können.

Getragen wird die geistige Aussage der Fragmente von der enthusiastischen Sehnsucht nach dem Absoluten und Unbedingten, von der Sehnsucht, die über den Tod als Manifestation des Endlichen hinausführt in die Unendlichkeit des Lebens. »Da unsre Natur oder die Fülle unsers Wesens unendlich ist, so können wir nicht in der Zeit dieses Ziel erreichen – Da wir aber auch in einer Sfäre außer der Zeit sind, so müssen wir es da in jedem Augenblick erreichen …« Es gilt, das Unbedingte in den Dingen zu finden, wobei das Ganze jeweils als Einheit des Mannigfaltigen gedacht wird. Erst dieser Organismusgedanke macht es möglich, den Zusammenhang jedes einzelnen Elements mit dem Geist herzustellen, der die Wirklichkeit einschließlich ihrer Möglichkeiten organisiert.

Das zentrale Organ des Unbedingten ist das intelligible Ich, Ausweis der metaphysischen Grundlage des menschlichen Charakters. Allein das intelligible Ich hat Zugang zum Reich der Ideen und der Ideale, zu Gott, zur Freiheit und zur Unsterblichkeit, indem es das empirische, an der Erscheinungswelt orientierte Ich überwindet. »Das oberste Prinzip

54 Erstdruck von Novalis' ›Blütenstaub‹-Fragmenten im ersten Heft des ›Athenäums‹, 1798

muß schlechterdings Nichts Gegebenes, sondern ein Frei Gemachtes, ein Erdichtetes, Erdachtes, sein, um ein allgemeines metaphysisches System zu begründen, das von Freiheit anfängt und zu Freiheit geht.« Die Kunst und die Poesie, die souveräne Gebilde des Geistes gestalten, lassen das bloß Endliche und Bedingte hinter sich und öffnen im schöpferischen Prozeß den Blick für das Mögliche, dem die poetische Vorstellung Wirklichkeit verleiht. Die Vereinigung des Wirklichen mit dem Möglichen, des Bedingten mit dem Unbedingten und des Todes mit dem Leben ist die höchste Erscheinungsform der Liebe, die ihrer Natur nach unbegrenzt und ewig ist. »Ich habe zu Söfchen Religion – nicht Liebe. Absolute Liebe, vom Herzen unabhängige, auf Glauben gegründete, ist Religion ... Des höchsten Wesens wird man nur durch Tod wert/Versöhnungstod.« Sophies Tod wirkt in den Fragmenten unmittelbar nach. Er ist zusammen mit den vielfältigen philosophischen Studien das eigentliche grundierende Erlebnis, das den tief Getroffenen herausfordert, gedanklich aufzubrechen zu einer Welt jenseits aller Bedingtheiten. Geortet werden kann die Welt aber nur im Subjekt, das seiner Verbindung mit dem Unbedingten inne wird. »Wir träumen von Reisen durch das Weltall: ist denn das Weltall nicht in uns? Die Tiefen unsers Geistes kennen wir nicht – Nach Innen geht der geheimnisvolle Weg. In uns oder nirgends ist die Ewigkeit mit ihren Welten, die Vergangenheit und Zukunft.«

55 Caspar David Friedrich, ›Kreidefelsen auf Rügen‹. Ölgemälde, um 1818. Der Blick öffnet sich aus der Begrenzung in das Unbegrenzte des Meers. Visuelle Umsetzung des Romantisierens als Ahnung des Unendlichen

Wie das Barock im 17. Jahrhundert so ist auch die Ende des 18. Jahrhunderts einsetzende Romantik ein Zeitalter der Entdeckungen. Brach der barocke Entdecker aber aus den verinnerlichten, geistlichen Vorstellungen des Mittelalters auf in eine mit allen Sinnen erfahrene Welt, so wandte sich die romantische Bewegung zwischen realer gesellschaftlicher Reaktion und revolutionärer Skepsis dem inneren Erleben zu. Der Gedanke verdrängte die Tat, das Bewußtsein das Sein. Romantisches Bewußtsein ist geprägt von realpolitischer Ohnmacht.

Wenn Novalis die Revolution in Frankreich als Ausbruch von Fanatismus und Egoismus versteht, so rechtfertigt er damit sich selbst, den Verzicht auf geschichtlich eingreifendes Handeln zugunsten des reinen, immer wieder in die Utopie mündenden Denkens. So überzeugt ist Novalis von dem utopischen Denkansatz, daß er ihm eine unvergleichlich größere revolutionäre Sprengkraft zutraut und Deutschland eine Sonderstellung innerhalb der revolutionären Bewegung zubilligt. »Der Deutsche ist lange das Hänschen gewesen. Er dürfte aber wohl bald der Hans aller Hänse werden.« Der erdachte Zusammenhang des geschichtlich Relativen mit dem geistig Absoluten muß auf die Geschichts- und Gesellschaftswelt selbst zurückwirken und diese im Sinne des Geistes verändern.

In der Geisteswirkung auf die Welt nimmt der Dichter die höchste Stelle ein. »Der echte Dichter ist aber immer Priester, so wie der echte Priester immer Dichter geblieben.« Eine positive Würdigung erfährt in diesem Zusammenhang auch Goethe. Novalis hatte sich eingehend mit Goethes ›Wilhelm Meister‹ beschäftigt, der für ihn beispielhaft das Einzelne mit dem organisch verstandenen Ganzen verknüpft. Goethe ist für ihn »der wahre Statthalter des poetischen Geistes auf Erden«.

Doch der Autor ist immer nur der Anstoßgebende, derjenige, der den Geist seiner Leser in Bewegung setzt. »Der wahre Leser

---

Ein sehr geistvoller Staat wird von selbst poetisch sein – Je mehr Geist, und geistiger Verkehr im Staat ist, desto mehr wird er sich dem Poetischen nähern – desto freudiger wird jeder darin aus Liebe zu dem schönen, großen Individuo, seine Ansprüche beschränken.

›Blütenstaub‹, 1798

muß der erweiterte Autor sein.« Die Idee, vom Autor übermittelt, wird von Leser zu Leser bearbeitet und in steigernder Weise geläutert, bis sie zum »Glied des wirksamen Geistes« wird. Antriebskraft des Schreibens wie des Lesens ist das Streben, die Erstarrungen der Gegenwart aufzulösen. »Nichts ist poetischer als Erinnerung und Ahndung, oder Vorstellung der Zukunft.« Die Erinnerung überschreitet die Grenzen nach rückwärts und hebt in der Gewißheit verfliegender Zeit das Sterben hervor, während die Ahnung die Grenzen nach vorwärts überschreitet und das Leben als das eigentliche Daseinsziel in den Mittelpunkt rückt. Erinnerung und Ahnung begründen romantisches Dichten, indem sie das endliche Sein in ein unendliches Werden überführen. »Leben ist der Anfang des Todes. Das Leben ist um des Todes willen. Der Tod ist Endigung und Anfang zugleich.«

Zwischen Ende Februar und Mitte Mai 1798 entstanden politische Aphorismen unter dem Titel ›Glaube und Liebe‹. Im Mai erhielt Friedrich Schlegel das Manuskript in Berlin. Im Juli-Heft der ›Jahrbücher der Preußischen Monarchie‹, die Anfang des Jahres gegründet worden waren, um über die Regierungstätigkeit und das persönliche Leben des Königspaars zu informieren, lag das Manuskript im Druck vor. Die aphoristisch pointierten Fragmente lassen sich nur auf dem zeitgeschichtlichen Hintergrund verstehen.

Am 16. November 1797 hatte Friedrich Wilhelm III. die Nachfolge seines Vaters auf dem Thron angetreten, der sich während seiner Regentschaft wenig um die Forderungen bürgerlicher Moral gekümmert hatte. Berüchtigt war seine Mätressenwirtschaft. Der Sohn, indem er der ersten Mätresse des Vaters den Prozeß machte, setzte weithin begrüßte moralische Akzente. Große Bewunderung fand die Ehe des jungen Königs, der seit 1793 mit Luise, einer Prinzessin von Mecklenburg-Strelitz, glücklich verheiratet war. Aus der Ehe ging als zweiter Sohn der spä-

---

Sie werden unter diesem Blüthenstaube hier und da wirklich prächtige Dinge finden – aber auch so possierliche Fratzen, Contorsionen und Affensprünge des verschrobensten, poetisch filosofischen Aftergenies, daß man seine Lust daran sieht ... Weil ich die ausgezeichneten Masken gern kennen mag, so wünschte ich wohl, daß Sie erfahren könnten, wer der mit Zungen redende Novalis ist?
Christoph Martin Wieland im Brief vom 28. Mai 1798 an Karl August Böttiger

tere erste deutsche Kaiser Wilhelm I. (1797–1888) hervor.

Die Hoffnungen, die man auf das junge, moralisch integre Königspaar setzte, machte Novalis zur Grundlage seiner Utopie eines poetischen Staates. König und Königin manifestieren für ihn die Idee eines von der Liebe, der Harmonie und dem Glauben an die menschliche Erfüllung getragenen Gemeinwesens. »Was man liebt, findet man überall, und sieht überall Ähnlichkeiten. Je größer die Liebe, desto weiter und mannigfaltiger diese ähnliche Welt.« Novalis sieht auch die politische Sphäre aus der Perspektive des Ideals. Sein Enthusiasmus läßt ihn im Königspaar die Züge entdecken und verstärken, die er mit der idealen Anschauung verbindet. »Ein wahrhaftes Königspaar ist für den ganzen Menschen, was eine Constitution für den bloßen Verstand ist. Man kann sich für eine Constitution nur wie für einen Buchstaben interessieren.« Das Ideal, um wirksam zu sein, bedarf der Anschauung, die auf das Ideal zurückverweisen muß. Nur die Verinnerlichung dessen, was sein sollte, schafft die Begeisterung für das staatliche Leben als gemeinsame Aufgabe aller, während der tote Buchstabe der Verfassung nichts anderes als den Kopf erreicht.

---

56 König Friedrich Wilhelm III. von Preußen mit seiner Frau, Königin Luise. Zeitgenössischer Stich, um 1798

Ausdrücklich kritisiert Novalis die »Philister« der Französischen Revolution mit ihrem apodiktischen Republikanismus, die »leer an Geist und arm am Herzen« sind. Der Hof aber, der recht eigentlich »das große Muster einer Haushaltung« abgibt, der König, der in seiner echt väterlichen vorurteilsfreien Liebe für sich einnimmt, und die Königin, die für jede »gebildete Frau und jede sorgfältige Mutter« ein Vorbild sein könnte, prägen sich, indem sie das Herz ansprechen, tief ein. Nach romantischem Wunschdenken ist der ideale Staat vom Gemeinschaftsgefühl all seiner Glieder getragen. Das »Bild dieses glücklichen, innig verbundenen Paars, würde den wohltätigsten Einfluß auf die sittliche Bildung dieses Kerns der preußischen Jugend haben«, und der König würde »der wahrhafte Reformator und Restaurator seiner Nation und seiner Zeit« werden.

Angesichts des preußischen Staats, der wie kein anderer »als Fabrik verwaltet worden« ist, weisen Novalis' Gedanken in eine humane Zukunft und zeigen, dem revolutionären Geist der Zeit folgend, das Unbehagen und den Wunsch nach gesellschaftlicher Veränderung unter dem Druck allgemeiner Stagnation. Es ist aber gleichsam eine innere Revolution im Bewußtsein der äußeren Handlungsunfähigkeit. Auch hier läßt sich Novalis leiten von seinem Glauben an die verändernde Macht des Geistes und der Liebe, der man zutraut, die Wirklichkeit in das Ideal zu verwandeln. Mit den Augen der Liebe betrachtet, löst sich das Ungeliebte auf, und die Menschlichkeit erfüllt sich in der Vereinigung des Möglichen mit dem Wirklichen.

Problematisch werden solche Anschauungen aber dort, wo sie sich mit konservativen Denkmustern verbinden. Die persönliche Anschauung des Ideals bedarf für Novalis der Monarchie und des Monarchen, da sich nur in ihm die Idee konkret zu individualisieren vermag. Er avanciert zum Zentrum des poetisch entworfenen Gemeinwesens. »Der König ist das gediegene Lebens-

> Ein Land das Herz und Geist befriedigt, dürfte eine deutsche Erfindung werden.
> ›Blütenstaub‹, 1798

prinzip des Staats, ganz dasselbe, was die Sonne im Planetensystem ist.« Verräterisch nah rücken solche Aussagen und Vergleiche an den französischen Absolutismus des Sonnenkönigs heran. Doch sind die Äußerungen trotz allem weniger Ausdruck reaktionärer Grundhaltungen als spekulativer Idealgläubigkeit. Der König ist als Anstoß und Vorbild gedacht, als Herausforderung an jeden einzelnen, selbst den höchsten sittlichen Ansprüchen zu genügen. »Alle Menschen sollen thronfähig werden.« Erst dann entsteht echter Republikanismus, die »allgemeine Teilnahme am ganzen Staate, innige Berührung und Harmonie aller Staatsglieder«. Allein die Hochschätzung des Subjekts und der Glaube an seine Bildungsfähigkeit entlasten Novalis vom Verdacht reaktionärer Gesinnung. Nicht zu leugnen ist jedoch, daß sein politischer Enthusiasmus und sein spekulatives, weltfremdes Menschenbild wenig dazu geeignet scheinen, über einen tragfähigen, demokratischen Staat ernsthaft nachzudenken, der die Macht des einzelnen kontrolliert und beschränkt, um die Bürger durch das Gesetz vor deren Auswüchsen zu schützen. Novalis' poetisches Gemeinwesen ist der Entwurf eines jugendlichen Schwärmers ohne wirkliche Lebens- und Menschenerfahrung. Realistischer urteilte der König selbst, der den Abdruck weiterer politischer Aphorismen untersagte. »Über einige Äußerungen in Glauben und Liebe soll der König etwas verdrießlich gewesen sein«, schreibt Friedrich Schlegel Ende Juli 1798 an Novalis. »Er hat gesagt: ›Von einem König wird mehr verlangt als er zu leisten fähig ist. Immer wird vergessen, daß er ein Mensch sei. Man solle nur einen Mann, der dem König seine Pflichten vorhält vom Schreibepult zum Thron bringen und dann wird er erst die Schwierigkeiten sehen, die ihn umgeben und die nicht möglich zu heben sind.‹«

Noch bevor die ›Blütenstaub‹-Fragmente und die politischen Aphorismen im Druck vorlagen, schrieb Novalis weitere Einfäl-

---

Im Blüthenstaub habe ich manches halb, manches nicht und manches ganz verstanden. Die Idee und Absicht des Ganzen haben Sie meines Erachtens im letzten Fragment angegeben. Ich freue mich manchmal, alte Bekannte darin zu finden ... Zu manchem Bilde habe ich Ihnen wohl auch gesessen, besonders wenn es auf philistermäßige Ordnung ankam.
Coelestin Just 1798 in einem Brief an Novalis

le und spontane Erkenntnisse nieder und sammelte sie in einzelnen Konvoluten. Im Grunde handelt es sich dabei um ein Ensemble immer wiederkehrender Gedanken und Ideen, die, aus wechselnden Sichtweisen beleuchtet, umkreist und sprachlich neu entworfen und ausprobiert werden. »Jedes Wort ist ein Wort der Beschwörung, welcher Geist ruft ein solcher erscheint.« Magischer Idealismus wird endgültig zur Quelle der poetischen Argumentation. Im Wort, im *logos*, bildet sich der ursprüngliche und unendliche Geist ab. Daher kommt das Aussprechen des Worts einer Erweckung des Geistes gleich. Seine größte beschwörende Kraft gewinnt das Wort in der Poesie. »Durch Poesie entsteht ... die innigste Gemeinschaft des Endlichen und Unendlichen.« Die Wissenschaften nähern sich dem Geistigen nur, indem sie poetisch werden und über ihre empirischen Grenzen hinausweisen. Allein der »Künstler ist durchaus trancendental«. Er »macht sich zu allem, was er sieht und sein will«. In ihm manifestiert sich in besonderer Weise der Grund von allem, was ist und sein wird.

»Zur Welt suchen wir den Entwurf – dieser Entwurf sind wir selbst.« Der in ihm wirksame Geist kann nicht anders, als seinesgleichen zu zeugen und zu gebären. »Der echte Dichter ist allwissend – er ist eine wirkliche Welt im Kleinen.« Die Welt aber, die er erschließt und gestaltet, umfaßt das Endliche wie das Unendliche. »Nichts ist dem Geiste erreichbarer, als das Unendliche.« Poetische Gestaltung ist für den romantischen Poeten nichts anderes, als die Welt zu transzendieren, sie zu öffnen für den Anblick des Ziels jenseits von Raum und Zeit. »Die Welt muß romantisiert werden. So findet man den ursprünglichen Sinn wieder.«

Immer geht es darum, das, was ist, was im bloß Zuständlichen verharrt, wieder in einen Prozeß zu überführen, den Fluß des Werdens in Gang zu setzen und zu halten, damit der Mensch

---

> Indem ich dem Gemeinen einen hohen Sinn, dem Gewöhnlichen ein geheimnisvolles Ansehn, dem Bekannten die Würde des Unbekannten, dem Endlichen einen unendlichen Schein gebe, so romantisiere ich es.
>
> ›Dialoge‹, 1798

nicht aus den Augen verliert, woher er kam und wohin ihm bestimmt ist aufzubrechen. Menschliches Dasein ist niemals Stillstand, sondern ein nie endendes Unterwegssein zwischen Erinnerung und Ahnung, zwischen dem verlorenen und wiederzuerlangenden Paradies. Grenzen sind nichts Endgültiges, sondern fordern zur Entgrenzung heraus. Novalis' Denken ist in seiner dynamischen Struktur revolutionär, doch ist es eine Revolution des Geistes, die der politisch verändernden Tat keine Bedeutung beimißt, weil sich diese immer nur auf das Uneigentliche, auf den begrenzten endlichen Geschichts- und Lebensraum beziehen kann, den es nicht zu verändern, sondern aufzuheben gilt. Dies ist ein radikaler, aus dem spekulativen Idealismus entwickelter Denkansatz, der sowohl die politische Ohnmacht als auch das Unbehagen der jungen Generation im revolutionären Zeitalter in erstarrten gesellschaftlichen Verhältnissen spiegelt.

Charakteristisch für Novalis und die Art und Weise seiner Gedankenführung sind die 1798 in Freiberg entstandenen ›Dialoge‹. Bereits die ›Blütenstaub‹-Fragmente waren ihrer Natur nach dialogisch, indem sie das Ich im Gespräch mit sich selbst vorführten. Für Novalis war das Gespräch die Hauptquelle spontaner Einsichten und Erkenntnisse. Hier war der Ort der Anregung, der Annäherung und des Improvisierens. Stets verblieb das Erörterte im Bereich des Vorläufigen und Anstößigen. Der Dialog ist Medium des romantischen Strebens nach Gemeinschaft mit dem Du und nach geistigem Austausch. Daher bestimmt auch weniger die dialektische Spannung die Gesprächsführung als der symphilosophische, sich in Frage und Antwort entwickelnde Einklang. In den ›Dialogen‹ kulminiert der Wunsch, das Endliche zu überwinden durch die Kraft des eigenmächtigen Geistes.

Sein und Bewußtsein, Wirklichkeit und Wunsch tauschen die Plätze. Illusion ist nicht das Vorgestellte und Imaginierte, sondern das, was wirklich zu sein scheint, aber vor den Augen des

---

A.... Unlust ist, wie die Zeit endlich. Alles Endliche entsteht aus Unlust. So unser Leben.
B.... Was bleibt? Absolute Lust – Ewigkeit – Unbedingtes Leben. Und was haben wir in der Zeit zu tun, deren Zweck Selbstbewußtsein der Unendlichkeit ist –?
A.... Verwandlung der Unlust in Lust und mit ihr der Zeit in Ewigkeit durch eigenmächtige Absonderung und Erhebung des Geistes, des Bewußtseins der Illusion, als solcher ...

unendlichen Geistes zur Täuschung zerrinnt. Es gilt offenbar nur, die Blickrichtung zu ändern, um die Wirklichkeit zur Illusion, den Wunsch aber zur Wirklichkeit werden zu lassen. Anstoß ist das Gefühl der Unlust in der Gewißheit vergehender Zeit, der Endlichkeit der Existenz und des Todes. Das Gefühl der Unlust fordert das Streben nach Lust heraus, die Aktivität des Geistes, in einem schöpferischen Akt, das Endliche ins Unendliche, die Zeit in Ewigkeit zu verwandeln. Der Wille, die Zeit zu überwinden, den tiefsten Wunsch eines zeitlosen, todbefreiten Daseins als erfüllbar zu begreifen, gehört der lebensbejahenden Weise des menschlichen Bewußtseins an. Novalis' Philosophie, erwachsen aus emotionaler Betroffenheit, ist ein schöpferischer Lebensentwurf, getragen von dem Glauben an die Erfüllung menschlicher Unendlichkeitsträume. Das Vertrauen auf die Fülle des Geistes kompensiert die Erfahrung des fundamentalen körperlichen Mangels, die Wirklichkeit des Todes inspiriert die Poesie der Unsterblichkeit.

Neben den philosophischen Arbeiten entstanden 1798/99 die sogenannten ›Freiberger naturwissenschaftlichen Studien‹. Allerdings folgt Novalis in ihnen keineswegs den zunehmenden empirischen und induktiven Tendenzen der Zeit, die zu einem bedeutenden Anwachsen des Erfahrungswissens führten und die Naturwissenschaften recht eigentlich begründeten. »Machen mirs die Empiriker zu toll – da mache ich mir eine empirische Welt, wo alles hübsch nach spekulativen Schlendrian geht.« Entscheidend ist für ihn allein die philosophische Aussage der Wissenschaften, das, was sie zum Ganzen, zum wesenhaft geistigen Zusammenhang der Dinge beitragen können. Nicht um naturwissenschaftliche Erkenntnis im eigentlichen geht es, sondern um spekulatives philosophisches Verstehen und Deuten.

Das Subjekt setzt auch hier unübersehbar seine Akzente, indem es die objektive Wirklichkeit seinem Verständnis unterwirft

---

B.... lassen Sie uns umarmen im Genuß der Überzeugung, daß es bei uns steht das Leben wie eine schöne, genialische Täuschung, wie ein herrliches Schauspiel zu betrachten, das wir schon hier im Geist in absoluter Lust und Ewigkeit sein können, ...
A.... Diese Ansicht des Lebens, als Zeitliche Illusion, als Drama möge uns zur andern Natur werden ...

›Dialoge‹, 1798

und ihr die eigenen gedanklichen Überzeugungen aufdrückt. In den ›Chymischen Heften‹ wird die Chemie als die Wissenschaft verstanden, die das Mischen der Elemente und deren Verhältnis zum Ganzen beschreibt. Analyse und Synthese sind aufeinander bezogene Vorgänge. In der Chemie bildet sich das romantische Synthesestreben ab, das unaufhörliche dynamische Werden, in dem sich das Einzelne zum Ganzen verbindet, zur erkennbaren organischen Einheit des Mannigfaltigen. Der echte Beobachter ist für Novalis der Künstler, »er ahndet das Bedeutende und weiß aus dem seltsamen, vorüberstreichenden Gemisch von Erscheinungen die wichtigen herauszufühlen«.

In dem Maße, wie die Gegenstände der Naturwissenschaften als geistige Schöpfungen begriffen werden, die sich nur dem denkenden Geist erschließen, erscheint die Stofflichkeit selbst aufgehoben. Alles Erscheinende wird zur Chiffre für das Wesenhafte. Im Materiellen muß das Geistige transparent werden. In diesem Zusammenhang kommt der Mathematik eine besondere Bedeutung zu. Anders als die Naturwissenschaften, die von den natürlichen Dingen ihren Ausgang nehmen, ist die Mathematik ausschließlich mit künstlichen Dingen befaßt, mit idealen, selbst hervorgebrachten Größen. Indem der Mathematiker seine eigenen Begriffe und seine eigene Wirklichkeit entwirft, gibt er sich als schöpferischer Geist zu erkennen. Daher kann Novalis sagen: »Alle Wissenschaften sollen Mathematik werden. Die bisherige Mathematik ist nur die erste und leichteste Änderung oder Offenbarung des wahrhaft wissenschaftlichen Geistes.«

Im Kern zielen auch die ›Freiberger naturwissenschaftlichen Studien‹ auf die Frage, wie denn das bloß Stoffliche, der Zeit Verfallene in konsequenter Vergeistigung überwunden, der Tod als materielles Schicksal besiegt werden kann. Hier gehen die Studien endgültig ins Religiöse über, getragen von dem gläubigen Wunsch nach einem Leben jenseits des Todes.

Ein Mensch der Geist wird – ist zugleich ein Geist der Körper wird. Diese höhere Art von Tod wenn ich mich so ausdrücken darf hat mit dem gemeinen Tode nichts zu schaffen – es wird etwas sein, was wir Verklärung nennen können.

›Dialoge‹, 1798

Die schöpferische Phantasie entwirft angesichts eines dunklen Endes Visionen des Überlebens. Aus der Gewißheit, sterben zu müssen, entspringen die Anstrengungen des Geistes, der dem Vorstellbaren und Wünschenswerten in konsequenter Poetisierung den Charakter des Wirklichen verleiht. »Die Besten unter uns, die schon bei ihren Lebzeiten zu der Geisterwelt gelangten – sterben nur scheinbar – sie lassen sich nur scheinbar sterben.«

Bezeichnend ist, daß Novalis seinen naturwissenschaftlichen Studien auch einen Auszug aus Dietrich Tiedemanns ›Geist der spekulativen Philosophie‹ (1796) einfügt, wo sich dieser mit dem Philosophen, Arzt und Alchimisten Paracelsus auseinandersetzt. Gott hat nach Paracelsus seine Macht in die sichtbare Welt entäußert. Dort gilt es sie zu entdecken und zu ergreifen. Im Wissen, das der Mensch erwirbt, offenbart er sich selbst und das Göttliche, das in ihm ist, und wirkt mit an der aus dem göttlichen Geist stammenden Natur. Gerade der paracelsische Glaube, daß alle Wesen aus einem elementarisch sichtbaren Leib und einem himmlisch unsichtbaren Lebensgeist bestehen, kam Novalis' eigener spekulativer Philosophie sehr nahe. Die Naturlehre wird ihm zu einer »theologischen Physik«, die in dem Maße, wie sie über sich hinausweist, transzendentalen Charakter annimmt. Die naturwissenschaftlichen Studien stellen den Versuch dar, das wissenschaftliche Denken der Zeit in den persönlichen gedanklichen Kosmos zu integrieren.

Dem dient in ungleich umfassenderer Weise das über 350 Seiten starke, in vier Handschriften-Gruppen 1798 bis März 1799 entstandene ›Allgemeine Brouillon‹. Das Werk schließt die Studien in Freiberg ab. »Was mir nebenher einfällt, wird in das allgemeine Brouillon hineingeschrieben«, äußert sich Novalis selbst zu seinem Vorge-

57 Paracelsus (um 1493–1541). Arzt, Alchimist und Philosoph

hen. Es entsteht ein Skizzenbuch, das erste spontane Einfälle und Entwürfe festhält, vermischt mit Notizen aus Vorlesungen und Exzerpten aus der Studienliteratur. In einer für Novalis im besonderen und für den frühromantischen Diskurs im allgemeinen charakteristischen Weise entfaltet sich eine von Aperçus vorangetriebene Gedankenführung. Das Ziel, die geistige Selbsterkenntnis und Selbstoffenbarung, ist nicht erreichbar durch analytische Systematik, sondern allein durch eine immer schon an der Synthese orientierte, intuitive Annäherung.

Was Novalis vorschwebt, ist eine enzyklopädische Darstellung aller Wissenschaften, eine umfassende Würdigung ihrer Disziplinen und Intentionen, nicht, um das Wissen selbst zu dokumentieren, sondern dem in ihnen wirksamen Geist auf die Spur zu kommen. Insofern unterscheidet sich ein solches Vorgehen fundamental von dem Enzyklopädismus des 18. Jahrhunderts. Dabei gehen Chemie und Philosophie, Mathematik und Poetik, Geologie und Geschichte vielfältige Verbindungen ein. In Begriffsbildungen wie geistige Physik, chemische Musik oder poetische Physiologie wird die Absicht erkennbar, die Wissenschaften zu poetisieren, ihr eigentlich geistiges Zentrum zu offenbaren, die höhere Einheit und die letzte Wahrheit sichtbar zu machen, denn alle »Schranken sind bloß des Übersteigens wegen da«.

Die poetische Erkenntnis begreift die Natur als geistigen Entwurf. »Was ist die Natur? – ein encyclopädischer Index oder Plan unsers Geistes.« Dabei ist jeder Erkenntnisvorgang »der Anfang einer wahrhaften Selbstdurchdringung des Geistes die nie endigt«. Grundlegend ist auch hier die Operation des Romantisierens, die das Endliche mit dem Unendlichen verknüpft. In der so hergestellten idealischen Einheit begreift der Geist, indem er in die Natur eindringt, sich selbst und erlebt die Natur als den eigenen geistigen Entwurf. Inneres und Äußeres durchdringen sich in einem entgrenzenden »Urinfinitismus«. Poetische Erkenntnis ist ihrem Wesen nach ein schöpferischer Akt. »Das alles Denken erscheint wie ein Machen.«

Im ›Allgemeinen Brouillon‹ findet die äußerst fruchtbare Freiberger Zeit ihre abschließende Zusammenfassung. Als letztes umfangreiches Zeugnis philosophischer Reflexion markiert es den Übergang zum eigentlich poetischen Werk, das gleichzeitig durch die vorgestellte gedankliche Bilanz begründet wird. Typisch für das frühromantische Selbstverständnis grundiert erst die philosophische Durchdringung das poetische Schaffen. Der Kunst geht die Reflexion voraus, wobei allerdings die Darstellungsweise der gedanklichen Auseinandersetzungen bereits literarisches Gestalten verrät. Im Fragment und in der phantasievollen Assoziation bemächtigt sich die poetische Intention sowohl der Form als auch der Gedankenführung. Künstlerische Gestaltung wird zum Medium der Erkenntnis. »Erst dann, wenn der Philosoph als Orpheus erscheint, ordnet sich das Ganze in regelmäßige gemeine und höhere gebildete, bedeutende Massen.«

◀ 58 ›Allgemeines Brouillon‹ in der Handschrift von Novalis. »Wissenschaften sind Folgen der Bedürfnisse – und des Mangels ...«

Zwischen Beruf und Berufung

Im Mai 1799 ging für Novalis die geistig äußerst anregende und fruchtbare Studienphase in Freiberg zu Ende. Mitte des Monats zur Pfingstzeit trat er die Rückreise nach Weißenfels an, wo er unmittelbar nach seiner Ankunft wichtige dienstliche Verpflichtungen und Termine wahrzunehmen hatte. Der Freiberger Bergfachmann Wilhelm von Oppel, verantwortlich für das Berg- und Salzwesen im Dresdner Finanzkollegium, begann am 20. Mai 1799 die kursächsischen Salinen zu inspizieren. Von Weißenfels aus reiste Friedrich von Hardenberg als Protokollführer mit von Oppel zu den Salinen in Kösen, Dürrenberg und Artern. Hintergrund der Inspektion war die vom Finanzkollegium gewünschte Umstellung der Salzsiedereien von dem teuren und knappen Brennholz auf Braunkohle. Widerstand setzte den neuen Plänen der alte Hardenberg entgegen, der innerhalb des vierköpfigen Direktoriums allen Neuerungen prinzipiell skeptisch bis ablehnend gegenüberstand.

Der Sohn, auf Ausgleich bedacht, trat entschieden für die künftige Verwendung der billigen Braunkohle ein. Diese innovative Haltung, aber auch sein berufliches Engagement und sein erworbenes Fachwissen trugen ihm in den folgenden Wochen die Anerkennung und Achtung von Oppels ein, dem er ein gewissenhafter Diskussionspartner und Protokollant war.

Erst nach der Abreise von Oppels faßte sich Novalis ein Herz und bat den einflußreichen Bergbaufachmann um ei-

59 Wilhelm von Oppel (1720–69). Ölgemälde eines unbekannten Künstlers

ne feste Anstellung in der Salinendirektion, da er vorhatte, bald eine Familie zu gründen, ohne über ein gesichertes Einkommen zu verfügen. In einem Brief von Ende Juni 1799 teilt er dem Geheimen Finanzrat von Oppel mit, nun ernstlich seine »Anstellung bei den Salinen zu wünschen und zu hoffen«. »Übrigens«, so fährt er fort, »würde unbegrenzte Dankbarkeit vorzüglich alle meine Kräfte auf immer dem Dienste widmen, wenn ich jetzt meine Besorgnisse wegen der Zukunft gestillt und mich in den Stand gesetzt sähe, ohne meinem Vater noch sehr zur Last zu fallen – ein kleines meinen gewiß äußerst eingeschränkten Bedürfnissen angemessenes Auskommen zu genießen.« Es verwundert nicht, daß er ein offenes Ohr bei dem nur sechs Jahre älteren von Oppel fand, der sich für Hardenberg einsetzte, indem er dessen Kenntnisse, Bemühen und praktische Kompetenz sowie dessen unermüdlichen Fleiß herausstrich. Doch der Erfolg sollte noch bis Ende des Jahres auf sich warten lassen. Immerhin aber zeigten die Begegnung mit von Oppel und die daran geknüpften Berufswünsche Hardenbergs Streben, dichterische Berufung und praktischen Beruf miteinander zu verbinden.

Kein anderer der frühen Romantiker war so überzeugt von der Verbindung beider Bereiche und hat so konsequent danach gehandelt. Offen bekennt er von Oppel: »Ich will nicht besser als so viele rechtliche und brave Menschen leben ..., und kann, was ich Ihnen ganz allein vertraue, meine Nebenstunden zu einträglichen literarischen Arbeiten benutzen.« Entscheidend ist die eigene Einstellung seiner schriftstellerischen Arbeit gegenüber. Praktische Tätigkeit und Schriftstellerei bilden für Novalis keine Gegensätze, sondern ergänzen einander. Der Beruf verhindert die innere Berufung nicht. Er wird vielmehr zur Herausforderung und zum Prüfstein, die eigene Persönlichkeit in ihrer Ganzheit zu entfalten, der hohen Kunst, Mensch zu werden, Ge-

---

Die Schriftstellerei ist eine Nebensache ... Sie beurteilen mich wohl billig nach der Hauptsache – dem praktischen Leben ... Ich behandle meine Schriftstellerei als ein Bildungsmittel – ich lerne etwas mit Sorgfalt durchdenken und bearbeiten – das ist alles, was ich verlange.
An Rahel Just, 1799

stalt zu geben. Praxis und Poesie sind Ausdruck der persönlichen Identität des Menschen, der es unternimmt, aus einer Mitte heraus zu leben. Berufliches und literarisches Engagement äußern sich in einer gleichsam von einem tieferen inneren Einverständnis getragenen Intensität.

Am 17. Juli, einen Monat nach der Inspektionsreise mit von Oppel, lernte Novalis den vielerseits bewunderten romantischen Dichter Ludwig Tieck in Jena persönlich kennen. Beeindruckt hatten ihn Tiecks 1797 erschienenen ›Volksmärchen‹ ebenso wie dessen Roman ›Franz Sternbalds Wanderungen‹ aus dem darauffolgenden Jahr. Verwandte Haltungen und Einstellungen fühlte Novalis in Tiecks ›Phantasien über die Kunst, für Freunde der Kunst‹ (1799) angesprochen. Die Schrift war hervorgegangen aus dem Freundschaftsbund Tiecks mit dem früh verstorbenen Wilhelm Heinrich Wackenroder (1773–98), dessen ›Herzensergießungen eines kunstliebenden Klosterbruders‹ er postum herausgab. Im Mittelpunkt standen die Wiederentdeckung mittelalterlicher Literatur und Kunst sowie der Versuch, das innerliche Kunsterleben in die religiöse Kunstandacht münden zu lassen. In seinen ›Phantasien‹ setzte Tieck diese Ansätze zu einem vertieften Kunstverstehen konsequent fort. Grundlage ist ein aufs höchste gesteigerter Enthusiasmus für die Kunst und ihre Meister.

Tiecks Überzeugung, daß das Höchste in der Kunst wie in der Religion erst geglaubt werden muß, bevor man es verstehen

---

60 Ludwig Tieck (1773–1853). Gemälde von Joseph Stieler, 1838. »Du hast auf mich einen tiefen, reizenden Eindruck gemacht – Noch hat mich keiner so leise und doch so überall angeregt wie Du. Jedes Wort von Dir versteh ich ganz. Nirgends stoß ich auch nur von weitem an.«

Alles, was vollendet, das heißt, was Kunst ist, ist ewig und unvergänglich, wenn es auch die blinde Hand der Zeit wieder auslöscht, die Dauer ist zufällig, Zugabe; ein vollendetes Kunstwerk trägt die Ewigkeit in sich selbst, die Zeit ist ein zu grober Stoff,

kann, teilte Novalis ohne Einschränkungen und sah von daher in dem fast gleichaltrigen neu gewonnenen Freund einen Geistesverwandten. »Deine Bekanntschaft hebt ein neues Buch in meinem Leben an«, bekennt Novalis in einem Brief an Tieck. »An Dir habe ich so manches vereinigt gefunden – was ich bisher nur vereinzelt unter meinen Bekannten fand.«

Tieck seinerseits würdigte die Persönlichkeit seines Freundes feinsinnig und treffend, wenn er über Novalis schreibt: »Sein Gespräch war lebhaft und laut, seine Gebärde großartig, ich habe ihn nie ermüdet gesehen; wenn wir die Unterhaltung auch tief in die Nacht hinein fortsetzten, brach er nur willkürlich ab, um zu ruhen, und las auch dann noch, ehe er einschlief. Langeweile kannte er nicht, selbst in drückenden Gesellschaften unter mittelmäßigen Köpfen, denn er entdeckte gewiß irgendeine Person, die ihm eine noch fremde Kenntnis mitteilte, die er brauchen konnte, so geringfügig sie auch sein mochte. Seine Freundlichkeit, seine offne Mitteilung machten, daß er allenthalben geliebt war.« Charakteristisch für Novalis ist seine auch von anderen, die ihm persönlich begegnet sind, immer wieder ausdrücklich herausgestellte geistige Neugier, sein fast kindliches Erstaunen über neue Einblicke und Einsichten.

Der Sommer stand im Zeichen einiger gemeinsamer Besuche und Unternehmungen. Bald nach ihrer ersten Begegnung besuchten Tieck und Novalis Johann Gottfried Herder in Weimar, dessen Sohn zu den Kommilitonen in Freiberg gezählt hatte. Herder war Novalis spätestens seit seiner Jenaer Zeit als Autor bekannt. Bereits in einer Tagebuchnotiz aus dem Jahr 1791 würdigt er ihn als Philosophen und erwähnt 1798 die Gespräche über Herders ›Briefe zur Beförderung der Humanität‹. Großen Eindruck machten auf ihn Herders 1791 erschienenen ›Paramythien. Dichtungen aus der griechischen Fabel‹. Symbolische Anregungen wie das Bild der verschleierten Nacht als Mutter der

---

als daß es aus ihr Nahrung und Leben ziehn könne. Wenn daher auch Geschlechter, Erden und Welten vergehn, so leben doch die Seelen aller großen Taten, aller Dichtungen, aller Kunstwerke. – In der Vollendung der Kunst sehen wir am reinsten und schönsten das geträumte Bild eines Paradieses, einer unvermischten Seligkeit …

Lasset uns darum unser Leben in ein Kunstwerk verwandeln, und wir dürfen kühnlich behaupten, daß wir dann schon irdisch unsterblich sind.
Ludwig Tieck, ›Phantasien über die Kunst‹, 1799

61 Johann Gottfried Herder (1744–1803). Ölgemälde von Gerhard von Kügelgen, 1799

Götter und Menschen gingen in die eigene geistliche Dichtung ein.

Zu einem Besuch Goethes zusammen mit August Wilhelm Schlegel kam es am 21. Juli in Weimar. Man speiste zusammen. Goethe scheint jedoch Novalis wenig mehr als konventionelle Höflichkeit entgegengebracht zu haben. Erkennbare Spuren hat diese Begegnung bei beiden jedenfalls nicht hinterlassen. Anregend für Goethe war zweifellos das Gespräch mit Tieck, dessen ›Franz Sternbald‹ das klassische Erzählmodell des Entwicklungs- und Bildungsromans originell im Sinne romantischen Empfindens fortgeführt hatte. »Tieck hat mit Hardenberg und Schlegel bei mir gegessen«, teilt Goethe Schiller am 14. Juli mit. »Für den ersten Anblick ist er eine recht leidliche Natur. Er sprach wenig, aber gut, und hat überhaupt hier ganz wohl gefallen.« Über Novalis fällt kein Wort.

Gern folgte Tieck der Einladung seines Freundes in das elterliche Haus in Weißenfels. Erhielt er hier doch Einblicke in den pietistischen familiären Lebensraum, in dem Novalis aufgewachsen war und der nicht unwesentlich zur Ausbildung seiner ihm eigentümlichen Religiosität beigetragen hatte. Mit Tieck reiste er dann zur Burg Giebichenstein bei Halle an der Saale. Der Komponist und Musikschriftsteller Johann Friedrich Reichardt, ein Schwager Tiecks, der mit romantischen Lied- und Singspielkompositionen hervorgetreten war, hatte 1794 die malerisch gelegene Burg erworben. Bald schon wurde sie zu einem Treff-

Bei Halle

Da steht eine Burg überm Tale
Und schaut in den Strom hinein,
Das ist die fröhliche Saale,
Das ist der Giebichenstein.

Da hab ich so oft gestanden,
Es blühten Täler und Höh'n,
Und seitdem in allen Landen
Sah ich nimmer die Welt so schön!
Joseph von Eichendorff, 1840

punkt der führenden Geister der Zeit und insbesondere der Romantiker. Nach Goethe, Jean Paul und Friedrich Schleiermacher kamen auch Wackenroder, Clemens Brentano und Achim von Arnim. Der Besuch auf Giebichenstein bildete den Abschluß und Höhepunkt eines erfüllten Sommers. Ausdrücklich bedauert Novalis in einem Brief an Tieck vom 6. August, daß familiäre Verpflichtungen ihn an einem weiteren Besuch und weiteren gemeinsamen Unternehmungen vorläufig hinderten.

Schon am darauffolgenden Tag reiste er mit seinem Bruder Bernhard nach Dresden, wo diesem eine Stelle als Page am dortigen Hof in Aussicht gestellt worden war. Ein Abstecher nach Freiberg ließ ihn mit dem norwegischen Naturforscher Henrik Steffens bekannt werden. Ihre gemeinsame Neigung zur Philosophie Fichtes und Schellings brachte beide schnell einander nahe. Bereits im August 1798, während seines Kuraufenthalts in Teplitz, hatte Novalis seinen künftigen Schwager Friedrich Freiherr von Rechenberg kennengelernt, Gutsherr auf Ober-Halbendorf bei Görlitz, der sich in Teplitz mit Novalis' Schwester Caroline verlobt hatte. »Ihr inniger Brief, teuerster Freund, hat meine Freude über die Begebenheiten in Töplitz zu einem dauerhaften Besitz meines Lebens gemacht«, schreibt ihm Hardenberg Anfang August 1799, »unsere flüchtige Bekanntschaft und der nachfolgende Briefwechsel hatten mir längst eine warme Achtung für Sie eingeflößt.«

Am 12. August 1799 teilt er aus Dresden der Mutter mit, daß er »mit Carln in die Lausitz« fahren soll, um für den Bruder um

62 Burg Giebichenstein bei Halle. Heutiger Zustand

die Hand der Schwester Rechenbergs anzuhalten. Aus der Brautwerbung wurde jedoch nichts. In Schönberg bei Bautzen, ebenfalls Sitz der Familie von Rechenberg, begegnete ihm sein künftiger Schwager ein zweites Mal, der ihm »unbändig verliebt« in die Schwester vorkam.

Vor der Heirat Carolines in den Monaten September/Oktober widmete sich Novalis der soeben erschienenen Schrift des Theologen und Philosophen Schleiermacher ›Über die Religion. Reden an die Gebildeten unter ihren Verächtern‹. Beeindruckend und persönlich bestätigend war für Novalis Schleiermachers Grundüberzeugung, daß die Religion im Kern die Begabung des Menschen sei, sich mit dem Ewigen eins zu fühlen. »Es gibt in dem Verhältnis der Menschen zu dieser Welt gewisse Übergänge ins Unendliche, durchgehauene Aussichten, vor denen jeder vorübergeführt wird, damit sein Sinn den Weg finde zum Ganzen ... Religion und Kunst stehen nebeneinander wie zwei befreundete Wesen«, da sie anders als alle Verstandesklügeleien das Sichtbare für das Unsichtbare transparent machen können und das Unendliche im Endlichen zur Anschauung bringen. Novalis kannte Schleiermacher als Autor einiger ›Athenäums‹-Fragmente. Schlegel ließ Schleiermacher wissen, daß Hardenberg »ganz eingenommen, durchdrungen, begeistert und entzündet« von der Schrift über die Religion sei und selbst daran dächte, etwas über die christliche Religion zu schreiben, die ihm nach Schleiermachers Anleitung als »das reinste Muster der Religion« überhaupt erschien.

Im Zusammenhang mit dem Studium Schleiermachers steht das im Oktober 1799 entstandene ›Gedicht‹, eine poetologische Selbstaussage. Nicht näher bezeichnet, verbirgt sich hinter dem »Sie« in weiblicher Gestalt die Poesie selbst. Ihr Name bleibt ungenannt, weil der poetische Geist längst aus der Gegenwart entflogen ist. Geblieben aber sind flüchtige Spuren, zugänglich

---

Himmlisches Leben im blauen
   Gewande
Stiller Wunsch in blassem Schein –
Flüchtig gräbt in bunten Sande
Sie den Zug des Namens ein –

Unter hohen festen Bogen,
Nur von Lampenlicht erhellt

Liegt, seitdem der Geist entflogen
Nun das Heiligste der Welt.

Leise kündet bessre Tage
Ein verlornes Blatt uns an
Und wir sehn der alten Sage
Mächtige Augen aufgetan.
        ›Gedicht‹, 1799

dem Auge des Dichters. Die Poesie in unpoetischer Zeit ist Erinnerung und Ahnung zugleich. Rückwärts blickend, schaut das Gedicht vorwärts, indem es das Vergangene als das Zukünftige erlebt und die Sage vom goldenen Zeitalter als die Utopie seiner Wiederkehr beschwört.

Einen Vorschein auf die Neubelebung eines allumfassenden harmonischen Zustands bildete für Novalis in dieser Lebensphase das Fest. Am 10. November 1799 wurde im oberen Saal des Schlosses Schlöben unweit von Jena die Hochzeit der Schwester Caroline mit Friedrich von Rechenberg gefeiert. Auf Schlöben, einem alten Hardenbergschen Familiengut in der Wiederstedter Linie, hielt sich Novalis gern auf. Verbunden mit dem malerischen Schloß, das es inzwischen nicht mehr gibt, hatte er seinerzeit seine eigenen Hochzeitspläne, indem er in den fiktiven Anzeigen der bevorstehenden Heirat mit Sophie wiederholt Schlöben als Absender angab. Erhalten geblieben ist der Entwurf einer Rede zur Hochzeit der Schwester, in der Novalis den Tag als einen »Tag des festern Bundes« feiert. Eingegangen ist die Erinnerung an das Fest wohl auch in den Roman ›Heinrich von Ofterdingen‹: »Alle waren vergnügt. Die Musik verscheuchte die Zurückhaltung und reizte alle Neigungen zu einem muntern Spiel. Blumenkörbe dufteten in voller Pracht auf dem Tische, und der Wein schlich zwischen den Schüsseln und Blumen umher, schüttelte seine goldnen Flügel und stellte bunte Tapeten zwischen die Welt und die Gäste.«

63 Die Novalis-Orgel in Schlöben, auf der Novalis gespielt hat.

64 Friedrich Ernst Daniel Schleiermacher (1768–1834). Lithographie von Gentili nach einer Zeichnung von F. Krüger

Nach der Hochzeitsfeier zog das frischvermählte Paar auf das Rechenbergsche Gut Ober-Halbendorf in der Lausitz.

Höhepunkt der geistigen und literarischen Anregungen des Jahres 1799 und ein zentrales Ereignis der frühromantischen Bewegung bildete das Romantikertreffen vom 11. bis 14. November im sogenannten Romantikerhaus in Jena. Einleitend hatte Novalis Friedrich Schlegels Fragmentensammlung ›Ideen‹ eingehend studiert und kommentiert. Schlegels persönliche Widmung an den Freund – »Nicht auf der Grenze schwebst du, sondern in deinem Geiste haben sich Poesie und Philosophie innig durchdrungen« – beantwortet er in ebenso freundschaftlicher wie geistiger Verbundenheit: »Du wirst der Paulus der neuen Religion sein, die über alle einbricht – einer der Erstlinge des neuen Zeitalters – des Religiösen.« Damit war im Kern auch das programmatische Spektrum des Treffens umrissen, bei dem das Interesse an philosophischen und allgemein ästhetischen Fragen bei weitem im Vordergrund stand, wie denn überhaupt die frühe Romantik ihr Hauptaugenmerk auf die geistigen Grundlagen des neuen Bewußtseins richtete.

Teilnehmer der Tagung waren Dorothea Veit, geborene Mendelssohn, die Lebensgefährtin Friedrich Schlegels, die 1801 ihren vielbeachteten Roman ›Florentin‹ vorlegte, Caroline Schlegel, die Frau August Wilhelms, die sich aber schon zu dieser Zeit dem zwölf Jahre jüngeren Schelling, der ebenfalls an dem Treffen teilnahm, innerlich zuzuwenden begann, Ludwig Tieck und seine Frau Amalie sowie der Physiker Johann Wilhelm Ritter (1776–1810). Hervorgetreten durch galvanisch-elektrische Experimente, verstand er alle äußeren Wirkungen und Prozesse als Symbole für innere Ursachen und Prozesse. Sein Erkenntnisziel war auf die Welt-

65 Caroline Schlegel (1763–1809).
Ölgemälde von J. F. A. Tischbein

seele gerichtet, die der Natur von innen heraus ein geheimnisvolles Leben schenkt. Der Galvanismus, die Lehre von der Entstehung elektrischer Impulse auf chemischem Wege, erschien symbolisch die unsichtbaren seelischen Kräfte zu veranschaulichen, die meßbar nach außen treten.

Zwischen Ritter und Novalis entwickelte sich schnell eine Freundschaft, die über das Treffen hinaus andauerte. Novalis unterstützte den jungen mittellosen Physiker, so gut es in seinen Kräften stand, in der nachfolgenden Zeit auch finanziell. In seinen ›Fragmenten aus dem Nachlasse eines jungen Physikers‹ (1810) schreibt Ritter in der dritten Person: »Novalis und unser Freund verstanden sich den Augenblick; fürs erste lag auch nicht die geringste Merkwürdigkeit in ihrem Zusammenkommen; letzterem war schlechterdings nur eben, als wenn er einmal laut mit sich selber sprechen könnte.«

Neben dem Galvanismus mit seinen faszinierenden Parallelen zur leiblich-seelischen Sphäre standen Religion und Poesie im Zentrum des romantischen Diskurses. An dem von Novalis vorgetragenen Essay ›Die Christenheit oder Europa‹, entstanden zwischen Oktober und November 1799 unter dem unmittelbaren Einfluß der Schleiermacher-Lektüre, von Novalis selbst als Rede begriffen, schieden sich die Geister. Entworfen wird ein Bild des Abendlands im Gefolge von Reformation, Rationalismus und Revolution. Das Mittelalter erscheint als eine friedvolle Harmonie von Gott, der Welt und den Menschen, deren »kindliches Zutrauen« das geschichtliche und gesellschaftliche Leben bestimmt. Doch in dem Maße, wie der Egoismus hervortritt, »Glaube und Liebe« dem »Wissen und Haben« weichen, die reformatorische Buchgelehrsamkeit und der aufgeklärte Rationalismus das Geheimnisvolle und Wunderbare verdrängen, wird die Welt entzaubert und der geschichtliche Mensch mit seinem Glauben um Frieden und Freiheit gebracht. »Der Herzschlag der neuen Zeit«,

> Sollte es nicht in Europa bald eine Menge wahrhaft heiliger Gemüter wieder geben, sollten nicht alle wahrhafte Religionsverwandte voll Sehnsucht werden, den Himmel auf Erden zu erblicken?
> ›Die Christenheit oder Europa‹, 1799

eines geläuterten dritten Zeitalters, ist für Novalis der Wiedergewinn der Einsicht in die Überlegenheit von Glaube, Liebe und Sein über die zerstörerischen Kräfte des Wissens, des Streits und des Habens. Entscheidend ist die Besinnung auf den religiösen Kern der europäischen Kultur, in der die Menschen in Freiheit und im Frieden mit sich selbst in der Welt und mit Gott leben.

Als geschichtliche Darstellung sind die Ausführungen zweifellos höchst anfechtbar. So aber ist der Text wohl auch kaum gemeint. Ähnlich wie auf den Bildern Caspar David Friedrichs öffnen sich hier in utopischer Gebärde die Blicke auf einen künftigen Lebensraum menschlicher Erfüllung, für die die verklärende Auffassung des Mittelalters nicht historische Wahrheit, sondern poetische Anschauung ist. In der Gesprächsrunde indes stieß der Beitrag auf Ablehnung, weil man offenbar nicht bereit war, Geschichtlichkeit und Poesie voneinander zu trennen. Schelling verfaßte spontan sein spöttisches, stilistisch eher bescheidenes ›Epikurisch Glaubensbekenntnis Heinz Widerporstens‹. Der Jenseitsglaube ist nichts als eine fromme, naive Illusion. In Wirklichkeit verstanden bereits die katholischen Würdenträger des Mittelalters, ihren Lebensgenuß im Diesseits zu finden, weil sie im Grunde ihres Herzens ungläubig waren.

Neben August Wilhelm Schlegel lehnte auch Tieck den Text von Novalis ab, da er ihn ausschließlich unter historischen Aspekten wertete. Noch in der Vorrede zur 5. Auflage von Novalis' Schriften (1837) schreibt er: »Wir fanden die historische Ansicht zu schwach und ungenügend, die Folgerungen zu willkürlich.« Friedrich Schlegel, der den Beitrag für eine Veröffentlichung im ›Athenäum‹ vorgesehen hatte, mag als einziger geschwankt haben, zumal er mit der Denk- und Empfindungsweise des Freundes am vertrautesten war.

Haben die Nationen Alles vom Menschen – nur nicht sein Herz? – sein heiliges Organ? Werden sie nicht Freunde, wie diese, an den Särgen ihrer Lieben, vergessen sie nicht alles Feindliche, wenn das göttliche Mitleid zu ihnen spricht – und Ein Unglück, Ein Jammer, Ein Gefühl ihre Augen mit Thränen füllte? Ergreift sie nicht Aufopferung und Hingebung mit Allgewalt, und sehnen sie sich nicht Freunde und Bundesgenossen zu sein?

Wo ist jener alte, liebe, alleinseligmachende Glaube an die Regierung Gottes auf Erden, wo ist jenes himmlische Zutrauen der Menschen zu einander, jene süße Andacht bei den Ergießungen eines gottbegeisterten Gemüths, jener allesumarmende Geist der Christenheit?

›Die Christenheit oder Europa‹, 1799

Ausschlaggebend für den Entschluß, den strittigen Text nicht drucken zu lassen, war August Wilhelm Schlegels Vorschlag, Goethe, der sich zur Zeit des Treffens bei Schiller in Jena aufhielt, als Schiedsrichter anzurufen. Über die näheren Umstände unterrichtet Dorothea Veit: »Nun hören Sie! Gestern Mittag bin ich mit Schlegels, Caroline, Schelling, Hardenberg ... im Paradiese (so heißt ein Spaziergang hier,) wer erscheint plötzlich vom Gebirg herab? Kein anderer als die alte göttliche Exzellenz, Goethe selbst. Er sieht die große Gesellschaft und weicht etwas aus, wir machen ein geschicktes Manöver, die Hälfte der Gesellschaft zieht sich zurück, und Schlegels gehen ihm mit mir gerade entgegen.« Es gelang in der Tat, Goethe als Schiedsrichter zu gewinnen. Am 7. Dezember 1799 notiert dieser in seinem Tagebuch: »Mit Rath Schlegel esoterisches und exotherisches.« Gemeint ist wohl das abschließende Gespräch über die Texte von Novalis und Schelling. In beiden Fällen entschied sich Goethe gegen eine Drucklegung. Erst 1826 lag der Essay von Novalis zum ersten Mal im Druck vor. Novalis selbst hatte Jena bereits am 16. November verlassen, nachdem er einen Tag zuvor mit Tieck nach Weimar gereist war, um dort Jean Paul zu treffen. Die Diskussionen um die Veröffentlichung sind weitgehend in seiner Abwesenheit geführt worden und haben ihn offenbar nicht sonderlich berührt. Am 31. Januar 1800 bat er Friedrich Schlegel, ihm das Manuskript zurückzuschicken.

Das Ende des Jahres stand wieder mehr im Zeichen der Berufsarbeit auf den Salinen. Novalis hatte sich in Artern am Fuße des Kyffhäuser einquartiert, von wo er hinauf zu den Ruinen der alten staufischen, mit dem Namen Barbarossas eng verbundenen Reichsburg wanderte. Auf dem Gipfel öffnete sich der Blick in die fruchtbare Niederung der Goldenen Aue zwischen Nordhausen und Sangerhausen-Artern. Eingegangen ist dieses Landschaftserlebnis in den Roman ›Heinrich von Ofterdingen‹,

---

Drum soll's eine Religion noch geben
(Ob ich gleich kann ohne solche leben),
Könnte mir von den andern allen
Nur die katholische gefallen,
Wie sie war in den alten Zeiten
Da gab es nicht Zanken noch Streiten,
Waren alle ein Mus und Kuchen, *Friedrich Wilhelm Schelling,*
Täten's nicht in der Ferne suchen ... ›*Epikurisch Glaubensbekenntnis ...*‹, *1799*

66 Arterner Saline. Gesamtansicht 1843

den Novalis während seines Arterner Aufenthalts begann. Der Blick in das fruchtbare Helmetal, das bereits von mittelalterlichen Mönchen bewirtschaftet worden war, war ein Blick in eine verklärt gesehene Vergangenheit und zugleich ein Ausblick in die ersehnte künftige Harmonie von Mensch und Natur. Stets geht der romantische Perspektivismus über das bloß Erfahrbare hinaus, indem er es öffnet für seinen tieferen Sinn.

In Artern, so der Wunsch des Vaters, sollte der Sohn durch die Heilkraft der Saline Linderung von seinem sich immer quälender bemerkbar machenden Lungenleiden finden. Bewundernswert ist, wie sich Novalis neben seinen literarischen Plänen und bei seinem angeschlagenen Gesundheitszustand in die Berufsarbeit stürzte. Anfang Dezember berichtet er von Oppel über seine Bemühungen um die Feststellung der Braunkohlevorkommen. »Ich habe mich diese Zeit über mit dem Erdkohlenwesen bekanntzumachen gesucht.« Doch der erwartete Bericht über die Erdkohlenlager, gemeint sind die Braunkohlevorkommen, gestaltete sich schwieriger als vorausgesehen, da keine verläßlichen »Situationskarten« vorlagen. Auf jeden Fall aber war Hardenberg durch wiederholte Reisen und Versuchsbohrungen fest entschlossen, einen

> Tief im Schoße des Kyffhäusers
> Bei der Ampel rotem Schein
> Sitzt der alte Kaiser Friedrich
> An dem Tisch von Marmorstein.
>
> Ihn umwallt der Purpurmantel,
> Ihn umfängt der Rüstung Pracht,
> Doch auf seinen Augenwimpern
> Liegt des Schlafes tiefe Nacht.
>
> Vorgesunken ruht das Antlitz,
> Drin sich Ernst und Milde paart,
> Durch den Marmortisch gewachsen
> Ist sein langer, goldner Bart.

funktionierenden Lageplan aufzustellen, um so dem Wunsch von Oppels und des Dresdner Finanzkollegiums zu entsprechen, die Salzgewinnung wirtschaftlicher zu gestalten.

Kurz nach der Niederschrift des Briefes erfolgte am 7. Dezember nach einigen Verzögerungen die Ernennung Hardenbergs zum Salinen-Assessor. Mit 400 Talern fiel das Gehalt zwar geringer aus als erwartet, aber immerhin war damit ein wichtiger Schritt auf dem Wege zur größeren finanziellen Unabhängigkeit getan, die es ihm auch ermöglichte, die eigene Familiengründung nun ernsthaft in Erwägung zu ziehen. Bis kurz vor Weihnachten blieb Novalis in Artern. Die Festtage selbst verlebte er in Freiberg zusammen mit seiner Braut.

Die praktische Berufsarbeit und das konkrete Ausarbeiten seiner großen Dichtungen ließen Novalis' Interesse an der reinen Philosophie und ihren theoretischen Entwürfen schwinden. Nicht zu unterschätzen ist in diesem Zusammenhang der Einfluß des mit seinen literarischen Arbeiten hervorgetretenen Tieck, der den bisher beherrschenden Einfluß des mehr theoretisch und poetologisch orientierten Friedrich Schlegel zu verdrängen begann. Unverkennbar und beispielhaft vollzieht sich im letzten Lebensabschnitt von Novalis der Übergang der romantischen Bewegung von einer mehr philosophischen zu einer betont poetischen Phase. Aus dem Denker wird am Ende eines kurzen, aber gehaltvollen Lebens der Dichter. Im Februar 1800 bekennt Novalis dem Kreisamtmann Just in Tennstedt: »Die Philosophie ruht jetzt bei mir nur im Bücherschranke. Ich bin froh, daß ich durch diese Spitzberge der reinen Vernunft durch bin, und wieder im bunten erquickenden Lande der Sinne mit Leib und Seele wohne. Die Erinnerung an die ausgestandenen Mühseligkeiten macht mich froh. Es gehört in die Lehrjahre der Bildung, Übung des Scharfsinns und der Reflexion sind unentbehrlich.«

Rings wie eh'rne Bilder stehen
Seine Ritter um ihn her,
Harnischglänzend, schwertumgürtet,
Aber tief im Schlaf wie er.

Heinrich auch, der Ofterdinger,
Ist in ihrer stummen Schar,

Mit den liederreichen Lippen,
Mit dem blondgelockten Haar.

Seine Harfe ruht dem Sänger
In der Linken ohne Klang;
Doch auf seiner hohen Stirne
Schläft ein künftiger Gesang.

E. Geibel, ›Friedrich Rotbart‹, 1836

»Gelobt sei uns die ew'ge Nacht«.
Letzte Gedichte

»Jacob Böhm les ich jetzt im Zusammenhange, und fange ihn an zu verstehen, wie er verstanden werden muß. Man sieht durchaus in ihm den gewaltigen Frühling mit seinen quellenden, treibenden, bildenden und mischenden Kräften, die von innen heraus die Welt gebären. Ein echtes Chaos voll dunkler Begier und wunderbarem Leben – einen wahren, auseinandergehenden Mikrokosmus. Es ist mir sehr lieb ihn durch Dich kennengelernt zu haben.«

Ausdrücklich dankt Novalis in seinem Brief vom Februar 1800 Ludwig Tieck für die Anregung, sich mit Jakob Böhme zu beschäftigen, nachdem er sich die Werke des Schuhmachers, Philosophen und Mystikers aus Görlitz schon im August 1799 in Dresden und später auch in Weimar ausgeliehen hatte. Wie aus dem Brief hervorgeht, wandte sich Novalis insbesondere dem 1612 entstandenen Erstlingswerk Böhmes zu: ›Aurora, Das ist Morgenröthe im Aufgang und Mutter der Philosophiae‹. Hier schildert er seine um 1600 erlebte Erleuchtung, die ihn »an allen Kreaturen, so wie Kraut und Gras Gott erkennen« ließ. Gott gebiert sich als drängender Wille selbst, indem er aus dem Chaos sich befeindender Kräfte zum Licht durchbricht und das Nichts in ein Etwas verwandelt. Ziel ist die sich in spielerischer Liebe erfüllende Ganzheit. Auf den Menschen,

67 Jakob Böhme (1575–1624).
Anonymes Gemälde

der seine göttliche Urbildlichkeit verloren hat, wartet die Wiedergeburt zu einem neuen Leben. »Keiner soll sich selber stockblind machen, denn die Zeit der Wiederbringung, was der Mensch verloren hat, ist nunmehr vorhanden. Die Morgenröte bricht an: es ist Zeit, vom Schlafe aufzuwachen.« (›Aurora‹)

Seine Lektüreerlebnisse verarbeitete Novalis nicht länger in philosophischen Studien, sondern in der poetischen Durchdringung im Gedicht. Im Frühjahr 1800 entstand das in zwei Fassungen überlieferte Gedicht ›An Tieck‹. Zwei Personen treten auf, das Kind und der alte Mann, der sich im Monolog des zweiten Teils an das Kind wendet und ihm eine erfüllte Zukunft verheißt. Nicht in die Gegenwart der Erwachsenen verwickelt, ist das Kind Träger künftigen Lebens, während der Alte die Vergangenheit und deren tieferen Sinn wachhält. Erinnerung und Ahnung bestimmen den inneren Aufbau. »Ein altes Buch mit Gold verschlossen«, gefunden in der Öde der Welt, verkündet den Anbruch einer neuen Ära. Das Kind schaut in die alte Schrift wie in »den Kristall der neuen Welt«, in dem ihm die reine, glänzende Zukunft des neuen Lebens anschaulich vor Augen tritt.

In den Gräsern und in den Sternen, im Unten wie im Oben, allumfassend offenbart sich ein hoher Geist. Übersetzt in die Schrift des Buchs ist der Text der Schöpfung, der dem aufgeht, der zu lesen versteht. Das Kind ist der Erbe des Geistes, der aus dem goldenen Buch spricht. Sein Autor ist kein anderer als Jakob Böhme, dessen Grab in Anspielung auf ›Aurora‹ zur Wiege eines neuen Frühlings wird. Dem Kind, dem »Verkündiger der Morgenröte«, haucht er den eigenen Atem ein.

Das Gedicht ›Es färbte sich die Wiese grün‹, ebenfalls entstanden im Frühjahr 1800, schließt unmittelbar an das voranstehende an. Die Verkündigung eines neuen Reichs scheint sich zu erfüllen. In Anknüpfung an Böhmes Frühlingsmetaphorik münden das Quellen, Blühen und Drängen in nicht enden wollende Me-

> Du wirst das letzte Reich verkünden,
> Was tausend Jahre soll bestehn;
> Wirst überschwenglich Wesen finden,
> Und Jakob Böhmen wiedersehn.
>
> ›An Tieck‹, 1800

tamorphosen. Anorganisches geht über in Organisches, Organisches in Tierisches, dieses wiederum ins Menschliche, bis hin zur geahnten Vergöttlichung des Menschen:

»Kurz um ich sah, das jetzt auf Erden
Die Menschen sollten Götter werden.«

Eine geheime Kraft ist in allen Wesen wirksam, die erst dann zur Ruhe kommen wird, wenn sie ihr Ziel erreicht hat und das Göttliche hervorgetreten ist. Der Frühling und seine blühende Welt wird im Gefolge Böhmes als die *signatura rerum* aufgefaßt, als Offenbarung eines unendlichen, aus der Stagnation herausführenden Prozesses.

Ist es im Gedicht ›An Tieck‹ die Prophetie, im Frühlingsgedicht die Metamorphose, so ist es in dem Gedicht ›Der Himmel war umzogen‹, ebenfalls aus dem Frühjahr 1800, die märchenhafte Symbolik, die den Sinn für das unendliche Werden weckt. In allen drei Gedichten variiert Novalis das Böhmesche Motiv der Erneuerung, der Morgenröte, die einen neuen Tag ankündigt. Wiederum ist es das Kind, das hier zum verzagten lyrischen Ich tritt und es mit seiner »Gerte«, einer Art Wünschelrute, in den Stand versetzt, sich die eigenen tiefsten Wünsche zu erfüllen. Der Wunsch, sich selbst kaum eingestanden, ist die vorantreibende Kraft.

Die Rute beschwört die »Königin der Schlangen« herauf, Sinnbild der Erneuerung und der ewigen Verjüngung. Was vorher öde und unfruchtbar war, erscheint nun mit einem Male im Glanz des grünen Goldes zu liegen, lebendig und kostbar zugleich. Die drei von der Lektüre Jakob Böhmes inspirierten Gedichte sind getragen von eschatologischer Erwartung, von der Erwartung des Endes der alten und des Anbruchs einer neuen Welt. Prophetie, Metamorphose und der Märchenwunsch verwandeln das

68, 69 ›Hymne an die Nacht‹ I: ▶
»Welcher Lebendige … liebt nicht …
das allerfreuliche Licht.« Acrylgemälde von August Ohm, 1990.
Daneben ›Hymne an die Nacht‹ V.
Auszug aus der Originalhandschrift

endliche Sein in ein unendliches Werden, das Begrenzte ins Unbegrenzte, den Tod in Leben, das Menschliche ins Göttliche. Die eingängige, dem Volkslied angenäherte Verssprache, der schlichte, aus dem Gesprächston entwickelte Sprechstil läßt die symbolischen Tiefenbezüge wie selbstverständlich in den Dingen sichtbar werden. Das Sinnenhafte fügt sich zum Sinnbild, das Erscheinende wird durchsichtig für das Wesen. Die Krone der Schlangenkönigin verwandelt die Dunkelheit der Welt in eine leuchtende Sinnlandschaft ewiger Verjüngung:

»Ihr Krönchen sah ich funkeln
Mit bunten Strahlen weit,
Und alles war im Dunkeln
Mit grünem Gold bestreut.«

Die in sich geschlossenste Dichtung, die Novalis vollenden konnte, sind die um 1799/1800 niedergeschriebenen ›Hymnen an die Nacht‹. Sie erschienen noch zu Lebzeiten im sechsten und letzten ›Athenäum‹-Heft im August 1800. Überliefert sind zwei Fassungen. Während in der Handschrift die freien Rhythmen dominieren, ist die Druckfassung mehr von der Prosa bestimmt. Allerdings bleibt auch hier der Vers paralleles Ausdrucksmedium. Der zweite Teil der fünften Hymne und die gesamte abschließende sechste Hymne sind in Versen geschrieben.

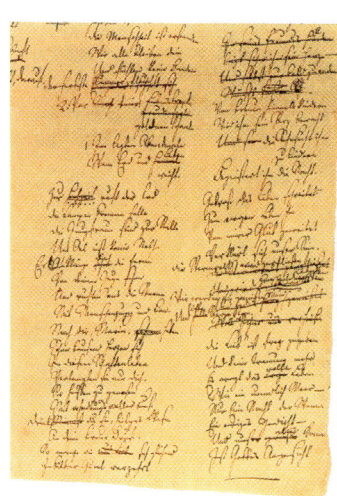

Inwiefern es sich hier um einen Vorläufer des modernen Prosagedichts (*poème en prose*) im Stil von Rimbaud und Mallarmé handelt, mag dahingestellt bleiben, zumal es ja bei Novalis keineswegs um die lyrische Behandlung eines epischen Stoffs geht. Zweifellos äußert sich in der Vermischung der Stilarten romantisches Dichten, die Verschmelzung des Prosaischen mit dem Lyrischen, des Objektiven mit dem Subjektiven. In der Prosa gewinnt die sinnlich erfahrbare, wirkliche Welt Gestalt, die durch das lyrische Sprechen und die Haltung des lyrischen Ichs von innen heraus einer Verwandlung mit dem Ziel ihrer letztlichen Überwindung unterworfen wird. Wirklichkeit und Wunsch stehen sich spannungsreich gegenüber, wobei der Wunsch in der durchgehenden Versgestalt der Abschlußhymne sich in besonders bedrängender und intensiver Weise artikuliert.

Die gewählte Hymnenform, obgleich Novalis den Gattungsnamen für verzichtbar hielt, ist feierlicher Ausdruck des Lobpreises im Gefühl fundamentalen religiösen Erlebens. Geprägt wird die hymnische Gestaltung von dem Anspracheschgestus, gerichtet auf Hohes und Heiliges, auf das, was dem menschlichen Leben seinen tiefsten Sinn gibt. In den sechs Hymnen vollzieht sich zwingend ein sich steigernder transzendierender Prozeß.

Am Anfang steht im äußersten Kontrast zur Dunkelheit der Nacht das Licht des Tages »mit seinen Farben, seinen Strahlen und Wogen«, der erweckende, sich in Zeit und Raum ausdehnende Tag. In ihm offenbart sich »die Wunderherrlichkeit der Reiche der Welt«. Die Nacht aber löscht das Wunder des Tages aus. Kurz erscheint mit einem Mal das Leben, unerfüllte Wünsche und vergebliche Hoffnungen beginnen bedrängend ins Bewußtsein zu treten. Es ist die Nacht in buchstäblicher Auffassung, die die Welt und alles, was den Menschen mit ihr verbindet, in der sich ausbreitenden Finsternis zusammenschrumpfen läßt und ins Nichts auflöst.

> An ihrem Halse weint ich dem neuen Leben entzückende Tränen. – Es war der erste, einzige Traum – und erst seitdem fühl ich ewigen, unwandelbaren Glauben an den Himmel der Nacht und sein Licht, die Geliebte.
> ›Dritte Hymne an die Nacht‹, 1800

Doch die Nacht ist nur solange voller Angst und Grauen, wie man suchend in sie hineinblickt. Neue Welten erschließt der Blick nach innen. Die »unendlichen Augen, die die Nacht in uns geöffnet«, schauen weiter und tiefer. Dem nach innen Gewandten neigt die Nacht ihr mütterliches Antlitz zu und birgt ihn wie das Kind im Mutterleib in Erwartung einer Wiedergeburt jenseits von Raum und Zeit. Bereits am Ende der ersten Hymne beginnt der buchstäbliche in den allegorischen Sinn der Nacht hinüberzugleiten. Sie sendet dem Schauenden die »zarte Geliebte« zu, die dem Geliebten die Nacht »zum Leben verkündet«, ihn »mit Geisterglut« anregt, sich mit ihr zu vereinigen. Aus der Nacht mit ihrer Bangigkeit und ihrem Schrecken entwickelt sich in innerer Anschauung die ewige Brautnacht.

Die Nacht gewährt den heiligen Schlaf, der träumerisch Zugang findet »zu den Wohnungen der Seligen« und unendliche Geheimnisse aufschließt. Mittlerin des neuen inneren Erlebens ist die Geliebte. Die dritte Hymne ruft die Erinnerung an den Tod Sophies zurück, an ihr Grab, das dem Trauernden ähnlich wie die Nacht zum Medium einer die zeitlich-räumliche Dimension überwindenden Offenbarung wird. Aus blauen Fernen, in der Dämmerung einer neuen Welt, tritt die Geliebte zu ihm.

Wie in der Nacht die Konturen verschwimmen, die Gegensätze sich auflösen, so verschmelzen in der Braut- und Liebesnacht Ich und Du zur unauflöslichen Einheit. Aus den Grenzen von Zeit und Raum und der Identität entlassen, geht im Menschen die Ahnung grenzenloser Erfüllung und ewiger Beglückung auf. Aber erst der nach innen gewandte Blick überwindet die bloße Erscheinung, indem er das Bedeutsame schaut. Die Allegorisierung der Nacht vertieft das Buchstäbliche, Vordergründige. Konsequent wendet Novalis das aus der geistlichen Exegese bekannte hermeneutische Verfahren des mehrfachen Schriftsinns an, das hinter dem Phänomenalen wesenhafte Bedeutungen erschließt.

> Und der Geist und die Braut sprechen: Komm! Und wer es hört, der spreche: Komm! Und wen dürstet, der komme; und wer da will, der nehme das Wasser des Lebens umsonst.
>
> *Neues Testament,*
> *Offenbarung des Johannes, 22,17*

Die vierte Hymne nimmt mit Wendungen wie die »Wallfahrt zum heiligen Grabe« und auch das »Kreuz« eine religiöse Vertiefung der allegorischen Bedeutung vor, um dann im zweiten Teil auf den moralischen Sinn einzugehen, auf die Frage nach dem künftigen sittlichen Verhalten dessen, der erkannt hat. Bereit ist das lyrische Ich, die Arbeit zu tun, die ihm hier und jetzt auferlegt ist. Den Pflichten zu genügen, die ihm der Tag abfordert. »Gern will ich die fleißigen Hände rühren, überall umschaun, wo du mich brauchst.« Doch immer wird er in Raum und Zeit, in der Vergänglichkeit des Lichts ein Fremdling bleiben. »Aber getreu der Nacht bleibt mein geheimes Herz.« Hineingeboren in die endliche Welt des Tages, horcht der einzelne auf die innere Stimme, die ihm die unendliche Heimat verheißt, aus der er gekommen ist und in die er wieder zurückkehren wird, geleitet von der Nacht am Ende aller Tage.

Solange der Mensch in der geschichtlichen Welt lebt, unterliegt er ihren Anforderungen und Gesetzen, doch geht er niemals in ihnen auf, da er in seinem eigentlichen Wesen nicht von dieser Welt ist. »Wahrlich ich war, eh du warst«, ruft er dem Tag entgegen, der nur ein Scheindasein führt, bestimmt von der Vergänglichkeit der Zeit und der Begrenzung des Raums und daher nicht überlebensfähig. Der Mensch ist beides: Instrument seiner Geschichts- und Arbeitswelt und Medium einer letzten höheren Wirklichkeit, die sich in seinem Innern offenbart, ein Fremdling hier, einheimisch aber dort, wohin ihn die Zeit und Raum verschlingende Nacht führt.

Die fünfte Hymne leitet die eschatologische Sinnstiftung ein, den Ausblick auf das transzendente Heil. Ähnlich wie sich einleitend an der Nacht eine allegorisch umdeutende Argumentation entzündete, so ist es nun der Tod, der zunächst tiefste Verunsicherungen auslöst, bis ihm seine Aufgabe im metaphysischen Heilsgeschehen zugewiesen wird. Tod und Nacht stehen in na-

---

Stil und Ton der ›Geistlichen Lieder‹ von Novalis beeinflußten die geistliche Lyrik vielfältig.

Ich habe nichts auf Erden
Im Himmel nichts als Dich;
Was hier noch mein will werden –
Es ist dahin für mich.

O Herr! ich will ja gerne
Für Dich, für Dich nur glühn;
O wende, o entferne,
Was mich zurück will ziehn.
Luise Hensel, ›Hingabe‹, 1819

her Korrespondenz zueinander. Beide tauchen den Menschen ins Dunkle, Ungewisse, bedeuten Endzeit, das Ende des Lichts wie des Lebens. Zerstörend brach der Tod in die Heiterkeit der antiken Götterwelt ein, ohne daß man eine Antwort wußte auf das Rätselhafte, im Grunde Widersinnige. Auch der Aufbruch des Menschen in der Renaissance und im Rationalismus mußte schließlich vor der sinistren Macht des Todes kapitulieren, da er die Schönheit des diesseitigen Menschen und die beste aller möglichen Welten prinzipiell und radikal in Frage stellte. Nicht länger in der lichten Welt des Tages und des Bewußtseins, sondern in den geheimnisvollen Tiefen der Nacht und des Unbewußten offenbart sich göttlicher Sinn. »Ins tiefre Heiligtum, in des Gemüts höhern Raum zog mit ihren Mächten die Seele der Welt.«

Auf dem Grund der Weltseele, zu der nur der Glaube Zugang findet, erscheint Christus, der Sohn »der ersten Jungfrau und Mutter«. Mit ihm gewinnt der Beginn der neuen Zeit Gestalt, die mit der Aufhebung der räumlich-zeitlichen Grenzen auch den Tod überwindet. Weder in der heiteren Diesseitigkeit der antiken Götter noch im natürlichen Licht der Vernunft liegt der Schlüssel zum neuen Leben jenseits des Todes, sondern in dem messianischen, göttlichen Kind, das in die Zukunft einer erlösten Welt weist. Sein Reich ist nicht von dieser Welt, die durch seine Geburt sich zu öffnen beginnt für die ewige Heimat als Ausgang und Ziel des gläubigen Menschen.

»Mit vergötterter Inbrunst schaute das weissagende Auge des blühenden Kindes auf die Tage der Zukunft, nach seinen Geliebten, den Sprossen seines Götterstamms, unbekümmert über seiner Tage irdisches Schicksal.« Sein Leiden in und an der vergänglichen Welt bereitet den Weg zur niemals endenden Freude in der Ewigkeit, sein Sterben verheißt Leben, sein Grab wird das Eingangstor zum Paradies, das niemals wieder verlorengehen wird.

Weinet, weinet meine Augen,
Rinnt nur lieber gar zu Tränen,
Ach, der Tag will euch nicht taugen,
Und die Sonne will euch höhnen!

Seine Augen sind geschlossen,
Seiner Augen süßes Scheinen.
Weinet, weinet unverdrossen,
Könnt doch nie genugsam weinen!
Annette von Droste-Hülshoff,
›Am Karfreitage‹, um 1820

Der Tod als Brücke zum Leben leitet wie die Nacht als Passage zum ewigen Tag die anagogische Blickrichtung der Hymnen ein und begründet ihren tiefsten heilsgeschichtlichen Sinn. Im vierten und letzten Schritt des konsequent durchgeführten hermeneutischen Verfahrens vollzieht sich endgültig die Transzendierung der Welt, in der der Mensch stets nur ein Fremder ist.

»Getrost, das Leben schreitet
Zum ew'gen Leben hin ...«

Am Ende der fünften Hymne geht die Prosa bis zum Schluß der sechsten Hymne in den Vers über. Akzentuiert wird so der drängende Wunsch des lyrischen Ichs, das sich noch in der Wirklichkeit von Raum und Zeit weiß und das Ziel jenseits dieses Zustands ersehnt mit den gesteigerten Kräften der Poesie. Verwandelte sich in der Vision der Braut die Nacht zur Brautnacht, in der Ich und Du in auflösender Liebe verschmelzen, so verwandelt die Menschwerdung Christi die Nacht des Todes zur Nacht des heiligen Schlafs, aus dem der Mensch, geborgen in der Liebe Gottes, aufwacht zum ewigen Tag. Sophie und Christus werden am Ende eins in der inneren Schau des lyrischen Ichs im Aufbruch, dem Ruf in die Ewigkeit zu folgen:

»Hinunter zu der süßen Braut,
Zu Jesus, dem Geliebten –
Getrost die Abenddämmrung graut
Den liebenden Betrübten.
Ein Traum bricht unsre Banden los
Und senkt uns in des Vaters Schoß.«

Jesus als Braut, eine in der Offenbarung anklingende, dem Pietismus vertraute Anrede des Erlösers, schließt die Braut, die über

> Was uns gesenkt in tiefe Traurigkeit
> Zieht uns mit süßer Sehnsucht nun von hinnen
> Im Tode ward das ewge Leben kund,
> Du bist der Tod und machst uns erst gesund.
>
> ›Fünfte Hymne an die Nacht‹, 1800

ihren Tod hinaus dem Geliebten die Augen für das ewige Leben geöffnet hat, mit ein. Der Traum von der Erlösung im Heilschlaf der Todesnacht wird Wirklichkeit. Das Paradox der Abwärtsbewegung enthält tiefste Wahrheit, da die Grablegung die Auferstehung einleitet.

Das Grab bedeutet den mit dem Bild der Mutter Nacht korrespondierenden Schoß des Vaters, aus dem der Mensch entsprossen und aus dem er in einem neuerlichen göttlichen Zeugungsakt hervorgehen wird als unsterbliches Geschöpf seines Schöpfers. Die vereinigende Nacht fügt zusammen, was der Tag gewaltsam trennt, der Tod, der die Geliebte dem Geliebten entreißt und ihn an der Zuwendung Gottes zum Menschen verzweifeln läßt, wird überwunden durch die Liebe. Allein sie ist unsterblich, während der sterbliche Tod ihr nur den Weg bereitet. Die Hymnen an die Nacht sind Novalis' eigentliches poetisches Vermächtnis. Sie setzen konsequent die transzendierende Haltung romantischer Lyrik um, wie sie bei Brentano und später bei Eichendorff charakteristisch hervortritt. Poesie, so wie sie die Romantiker verstanden, ist in ihrem Wesen geistlich, religiöses Medium der Sehnsucht nach einem in der inneren Schau

---

Wie für Novalis, so ist auch für Clemens Brentano die Nacht als zentrales romantisches Motiv die Quelle intuitiver Erkenntnis:

> Sprich aus der Ferne
> Heimliche Welt, Die sich so gerne
> Zu mir gesellt.

Wenn das Abendrot niedergesunken,
Keine freudige Farbe mehr spricht,
Und die Kränze still leuchtender Funken
Die Nacht um die schattigte Stirne flicht:
> Wehet der Sterne
> Heiliger Sinn
> Leis durch die Ferne
> Bis zu mir hin.

Alles ist freundlich wohlwollend verbunden,
Bietet sich tröstend und trauernd die Hand,
Sind durch die Nächte die Lichter gewunden,
Alles ist ewig im Innern verwandt.
> Sprich aus der Ferne
> Heimliche Welt, Die sich so gerne
> Zu mir gesellt.

Clemens Brentano, ›Sprich aus der Ferne‹, erste und letzte Strophe, 1800

Gestalt gewinnenden Paradies jenseits der erdrückenden gesellschaftlich-geschichtlichen Tageswirklichkeit.

»Auch christliche Lieder hat er uns vorgelesen; die sind nun das Göttlichste was er je gemacht.« Enthusiastisch reagierte Friedrich Schlegel auf den Vortrag einiger geistlicher Lieder durch Novalis auf dem Romantikertreffen in Jena. Im einzelnen handelt es sich um 15 Lieder, von denen die meisten in der zweiten Jahreshälfte 1799 entstanden sein dürften. Welche Novalis für den Vortrag gewählt hat, ist nicht bekannt. Gedruckt wurden die Lieder I bis VII erstmals im Cottaschen ›Musen-Almanach für das Jahr 1802‹ im November 1801. Die Reihenfolge der Gedichte dürfte dabei auf Novalis selbst zurückgehen. Die Lieder VIII bis XV erschienen 1802 im zweiten Band der ›Schriften‹. Für ihre Anordnung wird der Herausgeber Ludwig Tieck verantwortlich gewesen sein. Ein zyklisches Aufbauprinzip wäre also nur bei der ersten Gruppe denkbar, wenn ein solches auch keineswegs als zwingend anzusehen ist.

Novalis war ein guter Kenner der geistlichen Lyrik. Die ›Sammlung Geist- und Lieblicher Lieder‹ (1725) Nikolaus Ludwig Graf von Zinzendorfs, des Gründers der Herrnhuter Brüdergemeinde, waren ihm ebenso bekannt wie Gellerts ›Geistliche Oden und Lieder‹ (1757) und Klopstocks ›Geistliche Lieder‹ (1758). Doch gerade Gellerts und Klopstocks Lieder schienen Novalis auf Grund ihrer betont didaktischen Intention noch allzu sehr an den Verstand gerichtet. »Die Lieder müssen weit lebendiger, inniger, allgemeiner und mystischer sein«, fordert er. Sie müssen »unmittelbar zur Erregung des heiligen Intuitionssinns« beitragen. Es gilt, von »Gott nur recht einfach, menschlich und romantisch« zu singen.

Novalis spricht in seinen geistlichen Liedern eine eben-

70 Nikolaus Ludwig Graf von Zinzendorf (1700–60). Ölgemälde von J. v. Haidt

so eingängige wie bildkräftige Sprache. Die Sätze sind klar und übersichtlich gebaut und bieten dem spontanen Verständnis keinen Widerstand. Sieht man einmal von dem siebten, mit ›Hymne‹ überschriebenen Lied ab, das in freien Rhythmen geschrieben ist, so dominiert die vielfach abgewandelte Volksliedstrophe, meistens kreuzgereimt, aber auch mit Paarreim oder umschließender Reimbindung. Die drei- bis vierhebige Zeile kommt dem musikalischen Vortrag entgegen. Mehrere Lieder gingen 1808 in das ›Bergische Gesangbuch‹ ein. Weitere Abdrucke folgten auf Betreiben Schleiermachers im ›Berliner Gesangbuch‹.

Bekannt geworden ist das erste Lied: »Was wär ich ohne dich gewesen? / Was würd ich ohne dich nicht sein?« Christus ist Vergangenheit und Gegenwart, Anfang und Ende. Nur er gibt dem Leben Zukunft. Seine Liebe entzündet die Herzen und tilgt alle Sünden. Der Mensch, kindlich vertrauend, wird, indem er sich geliebt fühlt, selbst fähig zu lieben mit einer Liebe, die die Grenzen zum Mitmenschen überschreitet und den Himmel aufschließt. Liebe ist im pietistischen Verständnis die tragende Kraft im Verhältnis von Gott und Mensch. (Zinzendorf: »In Christo Jesu gilt nur der Glaube, der durch die Liebe tätig ist!«) Christus erscheint in erotischer Intensivierung als der Geliebte, der dem geliebten Menschen den Weg ins Paradies weist. Der alte Hardenberg, der der Herrnhuter Brüdergemeinde angehörte, so erzählt Sophie von Hardenberg, habe nach dem Tod seines Sohns das Lied »Was wär ich ohne dich gewesen?« in Herrnhut vorgesungen. Auf seine Frage, wer das Lied gedichtet habe, habe man ihm geantwortet: »Ihr Sohn!« Ungeachtet ihres Wahrheitsgehalts

---

Aus dem Elternhaus waren Novalis die geistlichen Lieder Nikolaus Ludwig von Zinzendorfs vertraut, der hier, ähnlich wie später Novalis, das Motiv der Nacht verarbeitet.

Die Dunkelheit der kalten Nacht
Bedeckt den Erdenkreis;
Wohl Dem, der auch im Finstern weiß,
Was seine Sonne macht.

Du Licht der Welt, Du Seelentag,
Du Geistesmorgenstern,
Heil Dem, der Dich aus aller Fern'
In's Herze ziehen mag!

Herr Jesu, mach' es hell und licht
In unsrem ganzen Sinn,
So weicht der kurze Tag wohl hin,
Doch wir erblinden nicht!

Gelobt sei deine Herrlichkeit,
Du, unsers Lebens Licht,
Das über Die herniederbricht,
Die sich Dir ganz geweiht!
  ›Abendlied‹, 1725

macht die Anekdote die Beliebtheit des Liedes deutlich und zeigt, wie es Novalis gerade hier gelungen ist, der Frömmigkeit des Herzens Ausdruck zu geben, die die bloße didaktische Unterweisung übertrifft und vertieft.

Allein zwanzigmal wurde das fünfte Lied der Sammlung, ›Wenn ich ihn nur habe‹, vertont. Viermal leitet die gleiche Zeile die Strophen eins bis vier ein. Beschrieben wird die Wanderschaft des Menschen auf dem Weg zum Grab. In gläubiger Zuversicht lösen sich das Irdische und dessen Ängste auf, bis die Gewißheit des inneren Besitzes Gottes in der Vorstellung der unmittelbaren göttlichen Nähe Gestalt gewinnt. Die leicht abgewandelte Anfangszeile der fünften Strophe, »Wo ich ihn nur habe«, läßt die innere Gewißheit zum äußeren Erlebnis werden, indem der Ort der Vereinigung mit Gott greifbar nahe rückt.

Zumindest in der Versgestalt bildet das siebte, mit ›Hymne‹ überschriebene Lied ein Unikat in der Sammlung. Am deutlichsten werden hier im erotischen Glaubenserleben herrnhutische Vorstellungen. Glauben heißt leidenschaftlich lieben mit einer Liebe, die unersättlich ist: »Nicht innig, nicht eigen genug / Kann sie haben den Geliebten.« Gottesliebe und erotische Liebe, die Inbrunst des Glaubens und die Wollust des Eros vermischen sich. Das leiblich-seelische und seelisch-geistige Prinzip sind eins.

Im achten, dem sogenannten ›Passionslied‹, identifiziert sich das lyrische Ich weitgehend mit dem leidenden und sterbenden Christus. Vom gleichen Vater stammend, teilt das Ich das Leiden und den Tod des Menschensohns. Die grenzenlos anteilnehmende Liebe des Menschen vereinigt ihn mit dem grenzenlos liebenden Jesus, der sein Leben für ihn hingibt, und fordert die Hoffnung des Glaubens heraus.

Die einleitende Zeile des zwölften Lieds, »Wo bleibst du Trost der ganzen Welt?«, greift auf das bekannte Adventslied Friedrich Spees, ›O Heiland, reiß die Himmel auf‹, zurück, das 1622 in

---

Aber wer jemals
Von Heißen, geliebten Lippen
Atem des Lebens sog,
Wem heilige Glut
In zitternden Wellen das Herz
   schmolz,

Wem das Auge aufging,
Daß er des Himmels
Unergründliche Tiefe maß,
Wird essen von seinem Leibe
Und trinken von seinem Blute
Ewiglich.

›Lied VII: Hymne‹, 1800

Würzburg zum ersten Mal im Druck vorlag. Mit der ersehnten Ankunft des Heilands wird das Paradies wieder aufblühen, sein Angesicht wird in allen Dingen den Menschen entgegenleuchten und die Erde von allem Leiden und aller Last erlösen. Deutlich sind noch einmal die Anklänge an Jakob Böhme. Die Erwartung eines neuen Frühlings und die Offenbarung Gottes in den Dingen verweisen auf zentrale Vorstellungen in der ›Aurora‹.

Mit einem kleinen Marienlied klingt die Sammlung aus. *Maria, mater credentium* (Mutter der Gläubigen) wird zum Vorbild und Sinnbild aller, die glauben und hoffen. Die Gottesgebärerin, die Jesus in sich getragen hat, ist dem Gläubigen vergleichbar, dem das Bild Gottes in der Seele steht und der Gott in inniger Zuwendung stets neu aus sich gebiert. Die Grenzen zwischen Gott, der in den Menschen eingegangen ist, und dem Menschen, der Gott aus sich hervorbringt, werden fließend. Die Herrlichkeit des Schöpfers strahlt auf die Herrlichkeit des Geschöpfs zurück, das in seinem Glauben und Hoffen selbst zum Schöpfer wird. Der Gedanke des gläubigen Schöpfertums schließt die Sammlung wirkungsvoll ab. Wie nach Novalis' Vorstellung der wahre Leser der erweiterte Autor sein muß, so muß der wahre Gläubige der göttlich erweiterte Mensch sein, um den Himmel in sich selbst zu schaffen.

»Ich sehe dich in tausend Bildern,
Maria, lieblich ausgedrückt,
Doch keins von allen kann dich schildern
Wie meine Seele dich erblickt.

Ich weiß nur, daß der Welt Getümmel
Seitdem mir wie ein Traum verweht,
Und ein unnennbar süßer Himmel
Mir ewig im Gemüte steht.«

Du, Sein Vater und der meine,
Sammle du doch mein Gebeine
Zu dem seinigen nur bald.
Grün wird bald sein Hügel stehen
Und der Wind darüber wehen,
Und verwesen die Gestalt.
   ›Lied VIII: Passionslied‹, 1800

Er ist der Stern, er ist die Sonn',
Er ist des ewgen Lebens Bronn,
Aus Kraut und Stein und Meer
   und Licht
Schimmert sein kindlich Angesicht.
   ›Lied XII: Wo bleibst Du
   Trost der ganzen Welt?‹, 1800

›Die Lehrlinge zu Sais‹ und ›Heinrich von Ofterdingen‹

›Die Lehrlinge zu Sais‹, Novalis' erste große dichterische Prosaarbeit, reicht noch in die Freiberger Zeit zurück. Dort entstand Anfang 1798 der erste Teil des geplanten Romans unter dem Titel ›Der Lehrling‹. Anstoß gab die erklärte Absicht, künftig nichts als Poesie zu treiben und die Wissenschaften konsequent zu poetisieren, da offenbar nur in der Dichtung tiefere Erkenntnisse erreichbar und darstellbar erschienen.

Doch die Arbeit an dem dichterischen Entwurf, der »ein echtsinnbildlicher Naturroman werden« sollte, geriet schon bald ins Stocken. Erst im zweiten Halbjahr vollendete Novalis das eingefügte Märchen von ›Hyacinth und Rosenblütchen‹. Ein Jahr nach dem Beginn der Arbeit, Anfang 1799, wurde der zweite Teil, ›Die Natur‹, niedergeschrieben. Wie aus dem Brief an Tieck vom Februar 1800 hervorgeht, beschäftigte sich Novalis weiter mit der Ausarbeitung des Entwurfs. Doch außer den vorliegenden zwei Teilen und einigen, allerdings aufschlußreichen Materialien ist nichts überliefert. ›Die Lehrlinge zu Sais‹ blieben Fragment.

Aus dem, was vollendet werden konnte, läßt sich indes das zentrale Aufbauprinzip des Ganzen erkennen. Im ›Lehrling‹ und in der ›Natur‹ wird die grundlegende Subjekt-Objekt-Spannung spürbar, die es zu überwinden gilt, um den ursprünglichen Zustand wieder zu erreichen, in dem sich der Mensch eins fühlte mit seiner Welt. Insofern stellen ›Die Lehrlinge zu Sais‹ auch eine prinzipielle poetische Auseinandersetzung mit der Philosophie Fichtes und ihren Setzungen von Ich und Nicht-Ich dar, denen gedanklich die Trennung von Subjekt und Objekt zugrun-

---

Wer diesen Schleier hebt, soll Wahrheit schauen?
»Sei hinter ihm, was will! Ich heb' ihn auf.«
Er ruft's mit lauter Stimm': »Ich will sie schauen.«
                                                Schauen!
Gellt ihm ein langes Echo spottend nach.
Er spricht's und hat den Schleier aufgedeckt.
»Nun«, fragt ihr, »und was zeigte sich ihm hier?«
Ich weiß es nicht. Besinnungslos und bleich,

de liegt. Das Erkenntnisziel der Lehrlinge ist es, das Einssein von Subjekt und Objekt, den »Akkord aus des Weltalls Symphonie« wahrzunehmen. Hoch sensibilisiert ist der Lehrling für die Verbindungen des scheinbar Getrennten. »Bald waren ihm die Sterne Menschen, bald die Menschen Sterne, die Steine Tiere, die Wolken Pflanzen.« Alles scheint mit allem im Innersten verwandt und verbunden. Nur die Menschen haben es künstlich getrennt.

Das Kind, das sich unter den Lehrlingen bewegt, nimmt ohne die Umwege des Verstands unmittelbar die sich offenbarenden Zusammenklänge wahr. »Es hatte große dunkle Augen mit himmelblauem Grunde, wie Lilien glänzte seine Haut und seine Locken wie lichte Wölkchen, wenn der Abend kommt. Die Stimme drang uns allen durch das Herz.« Das Kind nimmt in der Romantik im allgemeinen und bei Novalis im besonderen eine herausgehobene Stellung ein. In ihm verkörpert sich noch unverfälscht das Unbewußte als Schlüssel zum Ursprünglichen. Das Blau seiner Augen weist in die Unendlichkeit. »Einst wird es wiederkommen«, verkündet der Lehrer, und dann werden die Lehrstunden aufhören, weil das messianische Kind allen den Weg weisen wird zum Wesen der Natur, das dem Wesen der Menschen gleich ist. Seine bloße Gegenwart wird die Älteren verwandeln, indem es sie zurück-

71 »Einst war ein Kind noch.« Illustration zu ›Die Lehrlinge zu Sais‹ von August Ohm. Gouache, 1996

So fanden ihn am andern Tag die Priester
Am Fußgestell der Isis ausgestreckt.
Was er allda gesehen und erfahren,
Hat seine Zunge nie bekannt. Auf ewig
War seines Lebens Heiterkeit dahin,
Ihn riß ein tiefer Gram zum frühen Grabe.
Friedrich Schiller, ›Das verschleierte Bild zu Sais‹, 1795

führt zum spontanen kindlichen Erleben des Einsseins mit allem, was ist.

Ein anregender Einfluß geht auch von dem Behinderten und Unbeholfenen aus. Allein seinem Intuitionssinn folgend, entdeckt er eines Tages ein »Steinchen von seltsamer Gestalt«, das genau dorthin paßt, wo die Linien der anderen Steinreihen sich berühren. Der Fund wird zum Symbol der geheimen Zusammengehörigkeit dessen, was die anderen bereits gefunden, aber bisher noch nicht in ihrem Zusammenhang erkannt hatten. Nicht den wachen äußeren Sinnen erschließt sich der geheime Zusammenhang, sondern dem inneren Sinn des in seiner Fernsicht Eingeschränkten.

Die Ahnungen und Vergewisserungen entzünden im Lehrling eine unbändige Sehnsucht nach »der heiligen Heimat«, wo das Geahnte zur Gewißheit wird. Jedem ist es auferlegt, seinen eigenen Weg zu finden. In diesem Zusammenhang wird die Jungfrau aus jener heiligen Heimat erwähnt, nach der sich der Geist des Lehrlings sehnt. Gemeint ist die ägyptische, in Sais einstmals verehrte Göttin Isis, die mit ihrem Gatten Osiris das erste Herrscherpaar in einem mythischen goldenen Zeitalter bildete und die den ermordeten Osiris wieder zum Leben erweckte. Von Schiller stammt die Ballade ›Das verschleierte Bild zu Sais‹, in der ein Jüngling es wagt, den Schleier aufzuheben und danach sein Leben verliert, weil es keinem Sterblichen vergönnt ist, die letzte Wahrheit zu schauen. Anders aber der Lehrling bei Novalis. »Und wenn kein Sterblicher nach jener Inschrift dort den Schleier hebt, so müssen wir Unsterbliche zu werden suchen, wer ihn nicht heben will, ist kein echter Lehrling zu Sais.« In seinem Essay ›Die Sendung Moses‹ zitiert Schiller eine der Isis gewidmete alte Inschrift, die man auf einer Pyramide zu Sais gefunden hat. »Ich bin alles, was ist, was war und was sein wird; kein sterblicher Mensch hat meinen Schleier aufgehoben.« Vor-

---

Wenn wir der Kinder holdseliges Angesicht betrachten, so vergessen wir gern und leicht die Verwickelungen der Welt, das Auge vertieft sich in wunderbaren reinen Zügen, und wie Propheten einer schönen Zukunft, wie zarte Pflanzen, die unerklärlich aus der längst entflohenen goldenen Zeit zurückgekommen sind, stehen die Kinder um uns.
Wilhelm Heinrich Wackenroder, ›Über die Kinderfiguren
auf den Raphaelschen Bildern‹, 1797

ausgehend verweist Schiller auf die Worte unter einer alten Bildsäule der Isis: »Ich bin, was du bist.« Isis verkörpert die Ganzheit und die Unsterblichkeit des Lebens. Göttin und Mensch sind in einer geheimen Identität miteinander verbunden. Der Blick hinter den Schleier offenbart das unsterbliche Sein, die verborgene göttliche Natur des Menschen. In der Ahnung dieser letzten Wahrheit nähert sich die Lehrzeit ihrer Vollendung, die ja kein anderes Ziel hat, als den Blick über die Grenzen der Sterblichkeit hinaus zu öffnen. Sais ist der mythische Ort, wo die Angst vor dem Tod durch die sinnlich angeschaute Hoffnung auf ein unsterbliches, göttliches Leben besiegt wird.

Handelt der erste Teil von dem Menschen, der erkennen möchte, so geht es im zweiten Teil um die Natur, die es zu erkennen gilt. Zur wahren Erkenntnis gelangt aber nur der, der die Trennung von Subjekt und Objekt überwindet. Unter den Händen der analytischen Naturforscher »starb die freundliche Natur und ließ nur tote, zuckende Reste zurück«. Nicht der tiefere Sinn stand für die Naturforscher im Vordergrund, sondern der äußere Zweck. Natur wurde den Bedürfnissen der Menschen, seinen einseitigen und vordergründigen Vorstellungen von Nützlichkeit unterworfen. Sie verkümmerte zur bloßen Funktion und verlor dabei ihre Seele, die sie allein mit dem Menschen zu verbinden vermag. Novalis kritisiert das moderne Natur-

72 Die Göttin Isis mit dem Horus-Knaben. Bronze-Figur aus der Spätzeit. Deutlich werden die Bezüge zu den Darstellungen Marias mit dem Jesusknaben

verständnis der Aufklärung, das die Natur zum Sklaven des Menschen erniedrigte, statt in ihr Freund und eigenes Spiegelbild zu sehen.

Es ist an der Zeit, sich an jenen Zustand zu erinnern, wo die Menschen im selbstverständlichen Einvernehmen mit ihrer Umwelt lebten. »Jede ihrer Äußerungen war ein wahrer Naturzug und ihre Vorstellungen mußten mit der sie umgebenden Welt übereinstimmen, und einen treuen Ausdruck derselben darstellen.« Allein die Mythen und Dichtungen weisen einen Weg aus der Selbstentfremdung. »Noch früher findet man statt wissenschaftlicher Erklärungen, Märchen und Gedichte voll merkwürdiger bildlicher Züge, Menschen, Götter und Tiere als gemeinschaftliche Werkmeister, und hört auf die natürlichste Art die Entstehung der Welt zu beschreiben.« Erkennbar wird die sich in einem Dreischritt vollziehende Dialektik, wie sie sich insbesondere im romantischen Denken ausbildete. Ausgehend von einem vergangenen Zustand des Einsseins von Natur und Bewußtsein, wird die Gegenwart als ein Zustand der Entzweiung und des Widerspruchs empfunden. Künftiges Ziel muß es sein, Natur und Bewußtsein miteinander zu versöhnen, um die verlorene Synthese wiederherzustellen. Zugrunde liegt dem triadischen dialektischen Denken nicht zuletzt die Vorstellung eines Paradieses oder eines goldenen Zeitalters, das durch menschliche Schuld verlorengegangen ist und dessen Wiedererlangung als grundsätzlich möglich gilt. Dem Lehrling fällt die Aufgabe zu, den dritten Schritt als notwendig zu erkennen und sich in seinem Denken und Handeln dem goldenen Zeitalter wieder zu nähern.

Gewonnen aber ist schon viel, »wenn das Streben, die Natur vollständig zu begreifen, zur Sehnsucht sich veredelt«. Sich sehnend nach dem verlorengegangenen Paradies, wird der einzelne seiner Wesensgleichheit mit der Natur inne. Der Blick in die eigene Seele enthüllt das göttliche Antlitz der Natur, so wie sich

---

> Wer also zur Kenntnis der Natur gelangen will, übe seinen sittlichen Sinn, handle und bilde dem edlen Kerne seines Innern gemäß, und wie von selbst wird die Natur sich vor ihm öffnen.
> ›Die Lehrlinge zu Sais‹, 1800

der Mensch im Anschauen und Verstehen der Natur selbst begegnet. Erst wenn dieser lebendige Austausch wieder stattfindet, vermag die alte goldene Zeit zurückzukehren.

Auffällig und zentral ist die Opposition von Denken und Fühlen, Begriff und Bild, Wissenschaft und Dichtung. Gefühlt werden muß »das Weben der Natur«, denn das Gefühl ist »ein inneres Licht«, das allein imstande scheint, die Schönheit der Natur, ihre Vitalität und ihre Harmonie zum Leuchten zu bringen. »Das Denken ist nur ein Traum des Fühlens, ein erstorbenes Fühlen, ein blaßgraues, schwaches Leben.«

Das Erkennen und Dechiffrieren der Natur ist eng verknüpft mit der Darbietungsform. Bestand der erste, wesentlich kürzere Teil weitgehend aus einem Monolog des Lehrlings, so entfaltet sich der zweite als Gedankenaustausch der Lehrlinge untereinander. Das Gespräch überwindet die monologische Haltung und begreift das Erkennen als kommunikativen Akt. In der Vielfalt der Äußerungen spiegelt sich die Mannigfaltigkeit der Natur. Sprechen und Handeln sind eins, das Wort wird zur schöpferischen Gebärde.

Nicht anders verhalten sich die Lehrlinge als die wahren Künstler, deren eigentliches Wesen ein »tätiges Hervorbringen« ist. Wenn aber dem künstlerischen Individuum »das innerste Leben der Natur in seiner ganzen Fülle in das Gemüt kommt«, versinkt er »in den dunkeln lockenden Schoß der Natur«. Verzehrt wird »die arme Persönlichkeit in den überschlagenden Wellen der Lust«. Dies ist der erotisch empfundene ewige Augenblick des Verschmelzens von Mensch und Natur, Subjekt und Objekt, Ich und Du.

Das Schlußbild zeigt die Lehrlinge und ihren Lehrer

73 Ernst Barlach, ›Mutter Erde‹.
Statue aus Muschelkalk, 1921

übergossen von dem hellroten, kräftigen Licht des leuchtenden Karfunkelsteins, des roten Granats. Bereits im Mittelalter stand dieser Stein für das Gotteswort, das die Dunkelheit erleuchtet. In Sais ist er das Symbol der geheimen Identität des Menschen und der Natur sowie der Liebe, die beide Seiten, Subjekt und Objekt, Ich und Du verbindet.

Höhepunkt und Erfüllung der ›Lehrlinge zu Sais‹ ist das in den zweiten Teil integrierte Märchen von ›Hyacinth und Rosenblütchen‹, erzählt von einem munteren Gespielen, »dem Rosen und Winden die Schläfe zierten«. Er wendet sich an den Grübler, der sich selbst mit seiner unfruchtbaren, quälenden Isolation um das wahre Glück bringt, das allein in der Gemeinschaft und in der Liebe zu finden ist. Umrahmt von den Gesprächen und Reflexionen der Lehrlinge, erzählt das Märchen vom Leben, das sich in der Liebe erfüllt. Nicht zufällig ist es eingefügt in die noch unerfüllte Lebensgegenwart der Lehrlinge, die weiterhin auf dem Wege zu dem Zustand sind, den das Märchen verheißt. Das Wunderbare artikuliert sich als Wunsch und Vision. Wirklich ist das, was es zu überwinden gilt.

Vergleichbar mit dem Aufbau des Gesamttexts ist der Aufbau des Märchens, das ebenfalls einsetzt in der Gegenwart eines ungenügenden Zustands, hier mit dem grüblerischen, freudlosen Hyacinth. In einer Rückblende wird die Vergangenheit nachgeholt, in der Hyacinth fröhlich und unbekümmert lebte und dem Mädchen Rosenblüte herzlich zugetan war, bis zur Begegnung mit dem fremden Mann, dessen Einfluß Hyacinth von Grund auf veränderte. Aus der ungenügenden, selbst als drückend empfundenen Gegenwart bricht er schließlich auf und findet die märchenhafte Erfüllung seines Lebens.

Man hat in dem »Mann aus fremden Landen«, der Rosenblütchen wie ein »Hexenmeister« vorkommt, den Philosophen Fichte sehen wollen, doch scheint eine solch persönliche Fixierung

---

Ich meine, daß sich oft das Tiefsinnigste unseres Wesens, jene noch unsichtbaren Gedanken zuweilen in Bilder umsetzen, deren sich dann der Traum bemächtigt, um unser ganzes Sein von Grund aus zu erschüttern.
Ludwig Tieck, ›Die Gesellschaft auf dem Lande‹, 1825

allzu eng. Der Mann mit seinem weißen Bart und seinen tiefliegenden Augen, der bis tief in die Nacht auf Hyacinth einredet und dessen ursprünglich fröhliches in ein grüblerisches Wesen verkehrt, steht wohl allgemeiner für den Einfluß der Philosophie und der Wissenschaft auf den jungen Menschen, die mit ihren theoretischen und analytischen Denkweisen die Praxis des Lebens verstellen und die selbstverständliche Synthese des  Menschen mit seinem Lebensraum auflösen. Deutlich sind die Bezüge zu Novalis' eigener Biographie. Nicht nur Fichte, sondern auch andere Philosophen und Wissenschaftler haben ihn immer wieder angezogen und ihn zu gedanklichen Auseinandersetzungen herausgefordert, bis er schließlich allen Wissenschaften den Rücken zu kehren und sich der Dichtung zuzuwenden begann. Insofern stellt Novalis im Märchen auch die eigene Bewußtseinskrise dar, die für ihn indes exemplarisch und repräsentativ ist. Verständlich wird darüber hinaus, warum die großen Dichtungen erst relativ spät, bereits am Lebensende Gestalt gewannen, nachdem die gedankliche Analyse einer mehr gefühlten Synthese gewichen war.

Das Märchen ist im diskursiven Kontext der ›Lehrlinge zu Sais‹ bezeichnenderweise der einzige, rein erzählerische und poetische Text. Nur in ihm kommt es zu einer Erfüllung, während das Reflektieren im Vorfeld verharrt. Hyacinth ist es auferlegt, seine Liebe zu Rosenblütchen, die durch das Überge-

74 »Und Rosenblütchen sank in seine Arme.« Illustration zu dem Märchen ›Hyacinth und Rosenblütchen‹ von Lutz Grumbach, 1996

wicht des Gedanklichen verdrängt worden war, neu zu entdecken.

Ein erster wichtiger Schritt auf diesem Wege ist das Verbrennen des Buchs, das der Fremde zurückgelassen hatte und das niemand verstehen konnte, durch die alte, wunderliche Frau im Wald. Inniger als der kopflastige Mann ist sie mit den geheimen Kräften des elementaren Lebens verbunden. Eine Frau ist es auch, zu der Hyacinth aufbricht, ohne allerdings zu wissen, wo er Isis, die verschleierte Jungfrau, finden kann.

Auf seiner Reise durchläuft Hyacinth Stationen der sich steigernden Annäherung an die Natur. Während die Menschen seine Frage nach der Göttin belächeln oder ihr mit Ratlosigkeit begegnen, sind es die elementaren Naturgeschöpfe selbst, die ihm weiterhelfen, nachdem er unabsehliche Sandwüsten und glühenden Staub, Stationen der Herausforderung und der Prüfung, durchquert hat. Wer zur letzten Erfüllung des Lebens gelangen will, muß alles Unfruchtbare und Öde hinter sich lassen. »Es lag wie viele Jahre hinter ihm. Nun wurde die Gegend auch wieder reicher und mannigfaltiger, die Luft lau und blau, der Weg ebener, grüne Büsche lockten ihn mit anmutigem Schatten.« Der Anfang eines neuen Lebens ist gemacht, das alte Leben mit seiner Naturentfremdung liegt hinter ihm. Mit einem Mal beginnt er auch die Sprache der Quelle und der Blumen zu verstehen, die ihm den Weg zur Göttin Isis weisen.

Unter »Palmen und anderen köstlichen Gewächsen« inmitten einer paradiesischen Oase entdeckt er die ersehnte Wohnung, die »Behausung der ewigen Jahreszeiten«, denn in Isis vereinigen sich ja Vergangenheit, Gegenwart und Zukunft zur Ewigkeit. Doch nur im Traum kann sich die Gottheit offenbaren. Träumend hat der Mensch teil an den tiefsten Wahrheiten. Zugleich bedeutet der Traum den Übergang vom alten zum neuen Bewußtsein jenseits der Zeit. »Da schwand auch der letzte irdi-

---

Das ganze Leben kehrt in sich selbst zurück, und wo wir schon so in uns selbst zurück gegangen sind, daß wir von uns selbst und also von keinem Ding von uns mehr getrennt denken können, heißt es, sei der Tod; der Tod aber ist in jedem Momente

sche Anflug, wie in Luft verzehrt, und er stand vor der himmlischen Jungfrau, da hob er den leichten, glänzenden Schleier, und Rosenblütchen sank in seine Arme.« Anders als für den Jüngling in dem Gedicht Schillers bedeutet für Hyacinth das Heben des Schleiers ewiges Heil. Die Geliebte ist seine Göttin, deren Liebe ihn der Unsterblichkeit vergewissert.

Das Ende des Märchens blendet in die Zeit zurück, in der Hyacinth noch lange mit Rosenblütchen lebt und mit seiner geliebten Frau viele Kinder hat. Die Zeit aber hat ihren Schrecken verloren, nachdem sich im Traum Unsterblichkeit und Ewigkeit offenbart haben.

> »Einem gelang es – er hob den Schleier der Göttin zu Sais –
> Aber was sah er? Er sah – Wunder des Wunders – Sich selbst.«

Novalis' Distichon aus den ›Materialien‹ bedeutet nur scheinbar einen Widerspruch zur Darstellung im Märchen. Selbsterkenntnis ist allein in der Liebe, in der Begegnung mit dem Du möglich. Ich und Du verschmelzen in ihrer Vereinigung zu einer höheren Identität. Daher auch der erotische Unterton, der im Heben des Schleiers mitschwingt.

Mit Hyacinth geht eine fundamentale Wandlung vor sich, indem er alles Grüblerische und Trennende ablegt und sich dem Du, der Natur und der Geliebten, zuneigt. Hyakinthos heißt der schöne Jüngling, in den sich Apollon verliebte, ihn aber unbeabsichtigt mit einem Diskus tötete. Aus dem Blute des sterbenden Jünglings erwuchs die dunkelblaue Hyazinthe. Entscheidend ist die Idee der Metamorphose, die Verwandlung des zeitlichen, sterblichen Menschen in die zeitlose Blume, die ihn, immer wieder aufblühend, überlebt.

Von vergleichbarer Sinnbildlichkeit ist der Edelstein Hyazinth, eigentlich der Zirkon, dessen blasses Gelb sich im Brennvorgang

---

des Lebens, da das Leben nichts ist, als das ewige Zurückkehren und Hervorgehen des Lebens aus sich und in sich in demselben Momente. – Eben so ist das Leben in jedem Momente des Todes, denn Leben und Tod sind eins; um leben zu können muß man ewig sterben, und um sterben zu können ewig leben.

*Clemens Brentano an seine Schwester Bettine,
in: Bettine von Arnim, ›Clemens Brentano's Frühlingskranz‹, 1844*

in ein leuchtendes Blau verwandelt. Das Blau der Blume wie des Edelsteins verweist auf die ins Unendliche gerichtete Sehnsucht wie auf das Unendliche selbst. Blau ist die Farbe des sich unendlich dehnenden Himmels und der Götter, in deren Kreis der liebende und geliebte Mensch jenseits der Zeit eintritt.

Im November 1799, während einer seiner Inspektionsreisen in Artern am Fuße des Kyffhäusers mit den Spuren aus dem staufischen Mittelalter, begann Novalis seinen Roman ›Heinrich von Ofterdingen‹. »Das Neueste von mir ist ein bald fertiger Roman«, schreibt er bereits am 31. Januar 1800 an Friedrich Schlegel. »Wenn nicht alles entgegen ist, so kommt er schon Ostern.« Tieck läßt er fast einen Monat später wissen, daß der in zwei Bänden geplante Roman »im vollen Gang« sei.

Ausdrücklich hebt er die Anregungen hervor, die er durch Tiecks Roman ›Franz Sternbalds Wanderungen‹ (1798) empfangen hat. Zweifellos steht der durch Goethes ›Wilhelm Meisters Lehrjahre‹ (1795/96) inspirierte Entwicklungsroman im Zentrum der romantischen Literatur. Nach anfänglicher Begeisterung begann sich Novalis jedoch vom ›Wilhelm Meister‹ zu distanzieren. »Das Wort Lehrjahre ist falsch, es drückt ein bestimmtes Wohin aus. Bei mir soll es aber nichts als Übergangsjahre vom Unendlichen zum Endlichen bedeuten.«

Anders als der klassische Roman Goethes, in dem der Mensch durch die Auseinandersetzung mit der Welt reif wird für ein erfülltes Leben in der Gemeinschaft, gestaltet der romantische Roman über den Alltag hinausgehobene Leitbilder, in denen die ideale Existenz in Ahnungen und poetischen Entwürfen Gestalt gewinnt, ohne in der Gegenwart aufzugehen. Friedrich Schlegel versteht den Roman als »Enzyklopädie des ganzen geistigen Lebens eines genialischen Individuums«. Ziel ist die Erfüllung des Menschen, der häufig als Künstler entgegentritt, in einer poetischen Welt jenseits der engen bürgerlichen Verhältnisse.

> Das Ganze soll eine Apotheose der Poesie sein. Heinrich von Afterdingen wird im 1sten Teile zum Dichter reif – und im Zweiten als Dichter verklärt.
> *An Friedrich Schlegel, 31. Januar 1800*

In nur vier Monaten schrieb Novalis den ersten Teil des Romans nieder, wie aus einem Brief an Tieck vom 5. April hervorgeht. »Fertig bin ich mit dem ersten Teile des Romans.« Erst im August/September 1800 entstanden die Gedichte des zweiten Teils einschließlich der Erstfassung des Eingangskapitels, dessen zweite Fassung im Oktober vorlag. Zu dieser Zeit war die Krankheit bereits so weit vorangeschritten, daß Novalis eine Fortsetzung der Arbeit unmöglich wurde. Es blieb bei Vorarbeiten zum Roman, Studien zu Klingsohrs Märchen und den umfangreichen sogenannten ›Berliner Papieren‹. Als Fragment erschien der erste Teil des Romans postum in der Berliner Realschulbuchhandlung 1802. Im gleichen Jahr lagen die von Tieck herausgegebenen ›Schriften‹ vor, die das, was vom zweiten Teil noch vollendet werden konnte, enthalten. Von Tieck stammt auch ein aus Gesprächen und dem Nachlaß zusammengestellter Bericht über die geplante Fortsetzung.

Den zeitlichen Hintergrund des Romans bildet ein verklärt gesehenes Mittelalter, so wie es Novalis bereits in seinem Essay ›Die Christenheit oder Europa‹ dargestellt hatte. Anders als die Renaissance mit ihrem Bild vom dunklen Mittelalter und ihrem Glauben an die Wiedergeburt der Antike, die sie als menschliche Offenbarung erlebte, sah die Romantik im Mittelalter den Anbruch der Moderne, während sie die klassische Antike als das Veraltete, schlechthin Unmoderne begriff, das in seiner vollendeten Gestalt keinen Ausblick ins Unendliche eröffnete. Insbesondere für den Jenaer Kreis klang im Minnesang bereits die romantische Poesie an. Was die mittelalterliche Dichtung für die Romantiker so anziehend machte, war ihr hoher Grad an Vergeistigung, ihr idealisierender Stil und ihre religiöse Verinnerlichung des Lebens.

Novalis hat sich intensiv mit dem deutschen Mittelalter beschäftigt. In Artern verkehrte er mit Karl Wilhelm Funk, dem

---

Herausragende Beispiele für den **romantischen Entwicklungs-** oder **Bildungsroman** sind neben dem erwähnten Roman Tiecks Wackenroders Erzählung ›Das merkwürdige musikalische Leben des Tonkünstlers Joseph Berlinger‹ als Teil seiner ›Herzensergießungen eines kunstliebenden Klosterbruders‹ (1796) und E. T. A. Hoffmanns fiktive Autobiographie des Kapellmeisters Johannes Kreisler (›Die Lebensansichten des Katers Murr nebst fragmentarischer Biographie des Kapellmeisters Johannes Kreisler‹, 1819/21).

Verfasser einer ›Geschichte Kaiser Friedrichs II.‹ (1792). In Funks Bibliothek fand er eine Reihe einschlägiger Werke. Gründlich studiert haben dürfte er das ›Leben der Heiligen Elisabeth‹ und das ›Cronicon turingae‹, beide von dem 1434 verstorbenen Johannes Rothe. Eine Handschrift der Chronik soll die Bibliothek in Weißenfels besessen haben. Hier stieß er auf den Namen des legendären, historisch nicht weiter bezeugten Minnesängers Heinrich von Afterdingen, eine Schreibweise, die Novalis zunächst beibehielt, und auf den Gelehrten, Dichter, Sterndeuter und Wahrsager Klingsohr aus Ungarn sowie auf den Bericht des auf das Jahr 1206 datierten Sängerstreits auf der Wartburg, an dem unter anderen Wolfram von Eschenbach und Walther von der Vogelweide teilgenommen haben sollen. Ausführlich dargestellt ist das Geschehen im sogenannten ›Wartburgkrieg‹ aus dem 13. Jahrhundert. Die ›Große Heidelberger Liederhandschrift‹ nennt Klingsohr aus Ungarn als Autor. Der Zauberer Klingsohr aber ist eine fiktive Figur aus Wolframs ›Parzival‹. Sowohl bei dem Sängerstreit als auch bei der Person Ofterdingens dürfte es sich um reine Fiktion handeln. Für Novalis indes bot gerade das dichterisch frei Erfundene die Möglichkeit, seine eigenen dichterischen Vorstellungen mit der fiktiven Vorlage zu verbinden.

»Erwartung« als Überschrift des ersten und »Erfüllung« als Überschrift des zweiten Teils, Pole, zwischen denen sich der epi-

sche Prozeß entwickelt, begründen ein progressiv dynamisches Erzählen. Bereits zu Anfang ist der zwanzigjährige Heinrich, Sohn eines Goldschmiedemeisters in Eisenach, von einer seltsamen Unruhe ergriffen. Ein Fremder hat mit seinen Erzählungen in ihm die Sehnsucht nach einer anderen Welt erweckt, nach den Zeiten, in denen Felsen, Tiere und Bäume noch innigen Kontakt mit dem Menschen hatten. Doch dunkel wie die Herkunft des Fremden ist Heinrich selbst das Ziel seiner Wünsche. Bewußt ist die Begegnung mit dem Fremden ausgespart. Als Erzählimpuls aber wirkt sie weiter in der Sehnsucht, deren zentrales Sinnbild die blaue Blume ist. In ihr sind die Weite des Himmels und die Schönheit der Natur gleichermaßen vereint. Gleichzeitig steht sie für das Verlangen nach Erkenntnis und der Wiederentdeckung dessen, was in der gegenwärtigen Welt verlorengegangen ist. Die Begegnung mit dem Fremden ist Anstoß des Erzählens und zugleich das Ziel des äußeren wie des inneren Aufbruchs. Im Traum, in dem Heinrich in eine unterirdische Höhle gerät, öffnet die blaue Blume ihre Blütenkelche, in denen ein Mädchengesicht sichtbar wird. Klar ist dem Träumenden nach dem Erwachen, daß das Geträumte »in seine Seele wie ein weites Rad hineingreift und sie in mächtigem Schwunge forttreibt«. Poesie und Traum entfalten von vornherein eine Eigendynamik, die die zeitlich-räumlichen Grenzen sprengen. Unvergleichlich anziehender als die bürgerliche Welt, wo Heinrich für den »Lehrstand« vorbereitet wird, ist die andere Welt, die die blaue Blume verheißt.

Zu der inneren tritt konsequent die äußere Bewegung. Heinrich reist mit seiner Mutter zum Großvater nach Augsburg. Eine Fülle von Eindrücken und Erlebnissen schließen sich an, die ihn wie den Helden des Entwicklungsromans persönlich reifen lassen. Doch vermögen alle Begegnungen nichts grundsätzlich Neues zu formen, sondern nur das wachzurufen, was in Hein-

◀ 75 Der Sängerstreit auf der Wartburg. Von links nach rechts: Biterolf, Wolfram von Eschenbach, Heinrich von Ofterdingen, Klingsor, Reinmar, Walther von der Vogelweide, Heinrich von Rispach

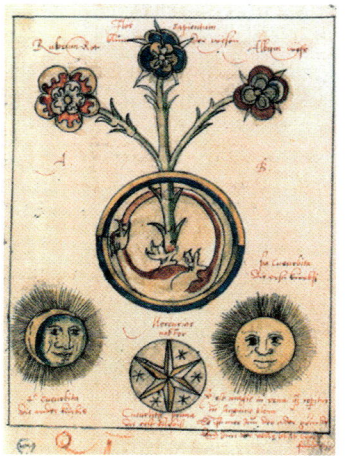

rich zutiefst und unverwechselbar angelegt ist. Das durch die Erfahrung Erinnerte drängt über das Gegebene hinaus, während in Goethes ›Wilhelm Meister‹ das vielfältig Erfahrene den einzelnen reifen läßt für ein Leben in den gegebenen Verhältnissen. Führt hier der Weg von den unendlich angelegten Möglichkeiten zur endlich begrenzten Wirklichkeit, so bei Novalis vom Endlichen zum Unendlichen, vom Wirklichen zum Möglichen, von der Gegenwart in die Zukunft.

Die Reise bringt Heinrich in Berührung mit dem, was das Leben in der Welt bestimmt. In dem Maße, wie er in das Leben eindringt und es versteht, entfaltet sich in ihm der »Geist der Poesie«. In der Reisekutsche begegnen ihm Kaufleute, die ihm einen Eindruck vermitteln von dem wahren Handelsgeist. »Geld, Tätigkeit und Waren erzeugen sich gegenseitig und treiben sich in raschen Kreisen, und das Land und die Städte blühen auf.« Der Handelsgeist erscheint in idealisierender Sicht als der Geist der Kultur, indem er alles in Bewegung setzt und verbindet und die Kunst zum Leben erweckt. Die Kaufleute sind es, die in der Sage vom Sänger Arion Schönheit und Nutzen als Einheit darstellen. Die schönen und wertvollen Kleinodien, die der Sänger besitzt, sind ihm in dankbarer Anerkennung seiner Kunst geschenkt worden. Erst die Seeleute zerstören vorübergehend den Zusammenklang von materiellem und geistig-seelischem Wert, indem sie sich aus purer »Habsucht« in den Besitz der Schätze

76 Blaue Blume der Weisheit.
Handschrift, Basel, 1588. Sie wächst
zwischen der weißen Blume (Silber)
und der roten Blume (Gold)

bringen. Arion aber kann sich ihnen entziehen. Er stürzt sich ins Meer, wo sich ein großer Fisch seiner annimmt und ihn ans rettende Ufer trägt. Mit dem Dichter und dem Geist des Schönen ist die Natur im Bunde.

Die Erzählungen der Kaufleute wecken in Heinrich den eigenen poetischen Geist. Dies gilt auch für das Atlantis-Märchen, in dem eine standesstolze Prinzessin bei einem Ritt in den Wald einem jungen Mann begegnet, in den sie sich spontan verliebt. Vergessen sind mit einem Male alle Standesvorurteile und alle Verblendungen der Herkunft. Die wahre persönliche Identität wird erst erfahrbar in der Hingabe an das Du, im lebendigen Austausch mit dem andern. Nur wer die künstlich gezogenen gesellschaftlichen Grenzen sprengt, wird fähig zu einer Mensch und Natur vereinenden Existenz. In der Verbindung des Jünglings mit der Prinzessin verschmelzen das Ursprüngliche mit dem Gesellschaftlichen. Aber allein in der sagenhaften Erinnerung wie in dem utopischen Ausblick des Märchens wird anschaubar, was einmal war und was wieder sein sollte. Die Poesie in der Arion-Sage und im Atlantis-Märchen öffnet den Blick über die einschränkenden Grenzen der Gegenwart hinaus. Die Fahrt in der Kutsche wie die poetisch sich öffnenden Perspektiven sind gleichermaßen Ausdruck eines unendlichen Prozesses, eines dynamischen Lebensgefühls, das sich mit dem, was ist und was den Menschen an einen bestimmten Ort und an bestimmte Verhältnisse bindet, nicht zufriedengibt.

Das Bekenntnis zur Harmonie von Natur und Mensch gipfelt in der Begegnung mit dem böhmischen Bergmann, eine Episode, die zurückgeht auf das Leben der hl. Elisabeth. Das Hinabsteigen in den Schoß der Erde bedeutet innige Zuwendung zu den elementaren Kräften des Lebens. Der Mensch ist nicht der Ausbeuter, sondern der Partner der Natur, die es in ihrem inneren Kern zu verstehen gilt. »Die Natur will nicht der ausschließ-

---

Er sah nichts als die blaue Blume, und betrachtete sie lange mit unnennbarer Zärtlichkeit. Endlich wollte er sich ihr nähern, als sie auf einmal sich zu bewegen und zu verändern anfing; die Blätter wurden glänzender und schmiegten sich an den wachsenden Stengel, die Blume neigte sich nach ihm zu, und die Blüthenblätter zeigten einen blauen ausgebreiteten Kragen, in welchem ein zartes Gesicht schwebte.
›Heinrich von Ofterdingen‹, *Heinrichs Traum (erstes Kapitel)*

liche Besitz eines Einzigen sein. Als Eigentum verwandelt sie sich in ein böses Gift.« Besitz- und Herrschaftsdenken tun der Natur Gewalt an und müssen die ursprüngliche Harmonie unweigerlich zerstören, die den Menschen allein am Leben erhält. Deutlich warnt der romantische Autor vor bloßer Ausbeutung und drohender Naturentfremdung, Warnungen, die die nachfolgende Zeit hektischer Industrialisierung in den Wind geschlagen hat und die man erst jetzt wieder in ihrer Tragweite zu verstehen und ernst zu nehmen beginnt.

Ihr sittliches Zentrum hat die Welt, in der Heinrich sich bewegt, im Christentum. Der Aufenthalt auf einer fränkischen Ritterburg vertieft sein Verständnis des christlichen Engagements in der Welt, wie es sich insbesondere in den Kreuzzügen äußert, von denen auf der Burg erzählt wird. Auf der Burg gefangengehalten wird die Morgenländerin Zulima, die in ihren Liedern und poetischen Schilderungen die »romantischen Schönheiten der fruchtbaren arabischen Gegenden« lebendig werden läßt. Abendländisches und Morgenländisches, Sittlichkeit und Sinnlichkeit, Geschichte und Phantasie verschmelzen zur Einheit.

Geschichtliche Vergangenheit und eine visionär geschaute Zukunft vereinigen sich in der Begegnung mit dem Grafen von Hohenzollern, einem in einer Höhle lebenden Einsiedler, der zutiefst überzeugt ist von der bevorstehenden Aussöhnung von Geschichte und Natur. »Seitdem ich in dieser Höhle wohne, fuhr der Einsiedler fort, habe ich mehr über die alte Zeit nachdenken gelernt.« In einem »Roman von den wunderbaren Schicksalen eines Dichters« im Besitz des Grafen glaubt Heinrich sich selbst zu entdecken. Das alte provenzalische Buch scheint seine eigene Lebensgeschichte zu spiegeln. Mit einem Mal tritt ihm wieder der

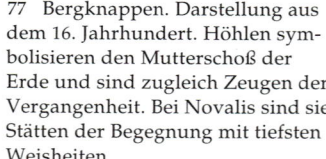

77 Bergknappen. Darstellung aus dem 16. Jahrhundert. Höhlen symbolisieren den Mutterschoß der Erde und sind zugleich Zeugen der Vergangenheit. Bei Novalis sind sie Stätten der Begegnung mit tiefsten Weisheiten

Traum von der blauen Blume vor Augen. Die zeitliche Rückwendung des chronikalischen Romans wird ihm zur Vorausdeutung seiner eigenen Zukunft.

In Augsburg, unter den ebenso anziehenden wie geistreichen Freunden des Großvaters, lernt Heinrich den Dichter Klingsohr und dessen Tochter Mathilde kennen, die in ihm eine tiefe, ihn ganz erfüllende Liebe weckt. Im Traum wird ihm klar, daß das Mädchen im Blütenkelch der blauen Blume Mathilde war. Heinrich scheint am Ziel seiner Sehnsucht. Doch der Traum offenbart ihm auch den Verlust Mathildes, ein Verlust indes, der die endgültige Wiedergewinnung der Geliebten für alle Zeiten einleitet. Die Heimat der blauen Blume, der Ort, wo sich das Glück der Liebe für immer erfüllt, ist das ewigwährende Paradies. In ihm werden alle Verluste und Abschiede überwunden sein. Ein Vorschein des Paradiesischen kann allein die Dichtung vermitteln.

Im Märchen selbst geht es um die Aussöhnung aller Gegensätze und um die Wiederherstellung der verlorengegangenen Harmonie. »Sonderbar«, heißt es bereits im ›Allgemeinen Brouillon‹, »daß eine absolute, wunderbare Synthesis oft die Achse des Märchens oder das Ziel desselben ist.« Vermittlerin der märchenhaften Harmonie ist auch hier die Poesie, die sowohl das zeitliche Schicksal besiegt als auch ein ewigwährendes Paradies aus dem Geist der Liebe stiftet.

Das Märchen ist die Allegorie einer wunderbaren Synthese, in der das Chaotische und Feindliche überwunden ist. Hervorgegangen aus der Idee, ist es jedoch mehr als dessen bloße Veranschaulichung, indem es darüber hinaus den Prozeß der künftigen Verwirklichung der Idee in Gang setzen soll. Im zweiten, mit »Erfüllung« überschriebenen Teil sollte die Wirklichkeit allmählich ins Märchen überführt werden. »Die Welt wird Traum, der Traum wird Welt«, heißt es in den den zweiten Teil einleitenden Versen.

78 Die schöne Morgenländerin Zulima. Kaltnadelradierung von Dieter Goltzsche, 1986

Noch aber befindet sich Heinrich in der geschichtlichen Wirklichkeit. Kurz nach dem Tode Mathildes hört er, nachdem er sich als Pilger aufgemacht hat, die Stimme der Toten, die ihm das Hirtenmädchen Cyane, die Tochter des Grafen von Hohenzollern, als Begleiterin ankündigt. Cyane, der Name der blauen Kornblume, steht auch hier für die Sehnsucht, die Heinrich, solange er in der zeitlichen Welt befangen ist, nicht von der Seite weichen wird. Sie führt ihn zum Arzt und Einsiedler Sylvester, der Heinrich in die geheime Sprache der Natur einweiht. Erneut wird sich Heinrich in der Begegnung mit Sylvester seiner Aufgabe als Dichter bewußt. Wie sich in der Natur die unendliche Liebe offenbart, so soll auch die Poesie »das wunderbare Widerlicht der höhern Welt« sein, in der allein die Liebe herrscht.

Wie aus den Notizen von Novalis und aus dem Bericht Tiecks hervorgeht, sollte Heinrich, nachdem er als Feldherr in kriegerisches Geschehen verwickelt worden war, die Welt der griechischen Mythologie und der persischen Märchen kennengelernt hatte sowie nach Gesprächen mit Kaiser Friedrich II. an dessen Hof und nach einem Fest »zur Verherrlichung der Poesie« nach dem Vorbild des Wartburgkriegs am Ende verklärt werden. »Der Schluß ist Übergang aus der wirklichen in die geheime – Tod – letzter Traum und Erwachen. Überall muß hier schon das Übersinnliche durchschimmern – Das Märchenhafte.«

Nachdem Heinrich die blaue Blume gepflückt hat, verwandelt sich die Welt ins Märchen, die Sehnsucht erfüllt sich. »Das ganze Menschengeschlecht wird am Ende poetisch. Neue goldene Zeit«. Als Ausdruck der Idee eines »unendlichen Progresses« im Sinne Fichtes, als »progressive Universalpoesie«, wie es Schlegel formulierte, ist Novalis' Roman ein Muster romantischen Dichtens. Das tiefe geistig-seelische Ungenügen an der Gegenwart, an ihrer Stagnation und ihrem Mangel an Visionen

---

Gegründet ist das Reich der
   Ewigkeit,
In Lieb' und Frieden endigt sich
   der Streit,
Vorüber ging der lange Traum
   der Schmerzen,
Sophie ist ewig Priesterin der Her-
   zen. ›Heinrich von Ofterdingen‹

Ende des 18. Jahrhunderts erfolgte in Deutschland die Rezeption der **romantischen Novelle**. Bekannt geworden sind v. a. Goethes Adaptionen. Aber auch Novalis nahm sich der Novelle insbesondere nach dem Modell von Boccaccios ›Decamerone‹ an. Unter seinen drei Novellenentwürfen aus den ›Frag-

provoziert einen poetischen, die Alltagsgrenzen sprengenden Prozeß. Das Reisemotiv sowie die dialektischen Strukturen von Traum bzw. Sehnsucht und Erfüllung, Wunsch bzw. Möglichkeit und Wirklichkeit, Erinnerung und Ahnung, Geschichte und Phantasie begründen eine dynamische Erzählführung.

Die Apotheose der Poesie mündet auch hier, ähnlich wie in den ›Lehrlingen zu Sais‹, in eine Apotheose des Menschen, dem die Poesie Glück, Liebe und Unsterblichkeit verheißt. Verändernd ist nicht die revolutionäre Tat, sondern das magische Wort, die literarisch inszenierte Metamorphose der begrenzten, als unzureichend empfundenen Wirklichkeit in das Wunschbild einer als grenzenlos vorgestellten Erfüllung.

Notwendig verharrt der Roman auf der Stufe des Möglichen. Die Struktur von Erwartung und Erfüllung ließ sich angesichts der herrschenden gesellschaftlichen Verhältnisse nur als Fragment gestalten. Vollendung hätte es nur geben können um den Preis der Integration in eine ungeliebte Welt. Der Wunsch nach einem erfüllten Leben aber gewinnt Gestalt im Medium einer unendlichen Fortsetzbarkeit, ging es den Romantikern doch nicht, wie Goethe, um die Idealisierung des Endlichen, sondern um die Realisierung des Unendlichen.

In der Elegie ›Die Vermählung der Jahreszeiten‹, die dem zweiten Teil eingefügt werden sollte, antwortet Edda ihrem königlichen Gemahl auf die Frage, was des »liebenden Herzens innigster Wunsch« sei, konsequent im Modus des Konjunktivs:

»Wären die Zeiten nicht so ungesellig, verbände
Zukunft mit Gegenwart und mit Vergangenheit sich,
Schlösse Frühling sich an Herbst, und Sommer an Winter,
Wäre zu spielendem Ernst Jugend mit Alter gepaart:
Dann mein süßer Gemahl versiegte die Quelle der Schmerzen,
Aller Empfindungen Wunsch wäre dem Herzen gewährt.«

---

menten und Studien‹ (1799/1800) ist besonders der zweite bemerkenswert: »Ein Gelehrter hat eine Frau, auf deren wissenschaftliche und künstliche Bildung er sich viel zu gute thut, und sie für sehr treu aus poetischen Enthusiasmus für treue Liebe hält; über deren nachherige Untreue er in große Betrübniß verfällt; worauf er um sich wieder zu erholen seine Zuflucht zu einem Dienstmädchen nimmt, die er durch die Kraft seiner Bildung leicht zu überreden hofft, aber von ihrem Bräutigam, der sich statt ihrer ins Bette legt, übel empfangen und mit Schlägen wohl zugerichtet wird.«

»Und es ist mir, als würde ich früh weggehen«

Das Jahr 1800 sollte das Jahr der Vermählung mit Julie von Charpentier werden. Erst galt es jedoch noch, das schmale Einkommen als Salinen-Assessor, das für eine Familiengründung kaum ausreichte, aufzubessern, zumal von der Familie Charpentier selbst keine nennenswerten Zuschüsse zu erwarten waren. Friedrich von Hardenberg bewarb sich um die vakante Stelle eines kursächsischen Amtshauptmanns für den thüringischen Kreis mit den Ämtern Weißenfels, Heldrungen und Sachsenburg. In seinem Bewerbungsschreiben vom 10. April an den Kurfürsten verweist er auf seine persönliche Vertrautheit mit dem Bezirk.

Eine zusätzliche Chance zur Qualifizierung erhielt er durch den von Werner und von Oppel vermittelten Auftrag aus Dresden, im Distrikt zwischen Leipzig, Zeitz und Borna an einem über ganz Sachsen verteilten Unternehmen mitzuwirken, die Braunkohlevorkommen festzustellen und diese kartographisch zu erfassen. Von Zeitz aus begab sich Friedrich am 1. Juni 1800 in Begleitung eines Freiberger Bergstudenten zu Fuß auf den Weg zur Erkundung des ihm zugewiesenen Distrikts. Knapp drei Wochen dauerte der Erkundungsgang. Man sammelte Gesteinsproben, führte Gespräche mit Ortsansässigen und hielt alle Ergebnisse gewissenhaft fest. Am 18. Juni kehrte man zurück. Die Vorarbeiten zu einer geologischen Kartographierung eines der ergiebigsten Braunkohlevorkommens in Deutschland waren geleistet. Bei Werner fand Friedrich von Hardenberg höchste Anerkennung für seine erfolgreichen

---

Novalis erkannte die prosaische Versunkenheit seiner Zeit mit einer Tiefe des Gefühls, das man, in einem anderen Sinne als heutzutage, wohl einen Weltschmerz nennen dürfte. So lange schon, sagte er, waren sie »rastlos beschäftigt, die Natur, den Erdboden, die menschliche Seele und die Wissenschaften von der Poesie zu säubern, jede Spur des Heiligen zu vertilgen, das Andenken an alle erhebenden Vorfälle und Menschen durch Sarkasmen zu verleiden, und die Welt alles bunten Schmucks zu entkleiden.«
Joseph von Eichendorff, 1815

und gewissenhaften Recherchen. Bald darauf verfaßte er die geforderte Probeschrift für die Stelle eines Amtshauptmanns, die er allerdings erst im September nach Dresden schickte.

Die körperliche Anstrengung wie die reichliche Bewegung in der frischen Luft hatten ihm offenbar recht gut getan. Tieck, der ihn im Sommer in Weißenfels besuchte, fand ihn wohl, heiter und unverändert, wenngleich es ihm nicht entging, daß der Freund keinen Wein und kaum Fleischspeisen zu sich nahm und sich statt dessen hauptsächlich von Milch und vegetarischer Kost ernährte. Bereits im Juli häufen sich in den Tagebüchern die Hinweise auf eine wachsende innere Unruhe. Wendungen wie »ängstliche Stunde« oder »peinvolle Nacht« fallen auf und geben zu denken. »Die Zukunft ist nicht für den Kranken«, heißt es illusionslos und wohl auch mit Blick auf das eigene, sich bedrohlich abzeichnende Schicksal.

Novalis litt seit seiner Kindheit an einer labilen Gesundheit. Eine frühe ernsthafte Erkrankung hatte ihn zeitig reifen lassen und seine Sensibilität erhöht. Erschüttert wurde er immer wieder von wiederholten Todeserfahrungen. Vermehrt stellten sich Vorahnungen eines nahen Endes seit dem Tod Sophies ein. Das frühe Sterben seiner Geschwister, der Tod seines Bruders Erasmus bis hin zum Freitod seines Bruders Bernhard im Oktober 1800 lösten persönliche Krisen aus. Im August traten blutige Auswürfe auf. Etwa zu dieser Zeit wandte sich Novalis verstärkt medizinischen Studien zu.

Insbesondere fühlte er sich angesprochen von dem ›System der Heilkunde‹ des schottischen Arztes John Brown. Eine deutsche Übersetzung war 1796 erschienen. Nach Brown bedeutet Gesundheit ein ausgewogenes Verhältnis von Erregbarkeit und den auf den Organismus einwirkenden Reizen. Eine überspannte Erregbarkeit wie ein Übermaß an nicht mehr zu verarbeitenden Reizen machen den Menschen gleichermaßen krank.

Wir gingen oder ritten täglich spazieren, beim schnellen Hinanklimmen der Hügel, bei jeder auch gewaltsamen Bewegung konnte ich keine Schwäche der Brust, oder kürzeren Atem an ihm wahrnehmen. Als ich von ihm Abschied nahm, konnte ich durchaus nicht ahnden, daß ich ihn nicht wieder sehn würde.

Ludwig Tieck, 1801

Für Novalis ist der Mensch durch sein Leiden definiert. »Unsere Krankheiten sind alle Phänomene erhöhter Sensibilität.« Das Hervortreten des Geistes hat den Menschen aus der ursprünglichen, paradiesischen Einheit herausfallen lassen und läßt ihn in gesteigerter Erregbarkeit über alles Gegebene stets hinausdrängen. Der an seiner bis zum Äußersten gespannten Sensibilität leidende Mensch sehnt sich zurück nach dem verlorenen Einssein. Krankheit und Leiden sind Ausweise eines kreativen Bewußtseins, das dorthin zurückverlangt, wo die Sehnsucht am Ziel ist, wo das Vorgestellte und das Wirkliche identisch sind. Nur dort schweigt die Sehnsucht still, nur dort stellt sich das Gleichgewicht zwischen dem Empfindenden und dem Empfundenen wieder her.

Novalis, bisher in Behandlung von Hofrat Stark, der auch schon Sophie behandelt hatte, war davon überzeugt, daß ihm insbesondere die Ärzte, die der Reizlehre Browns anhingen, helfen könnten. In dieser Hoffnung brach er Mitte Oktober in Begleitung einiger Angehöriger zunächst nach Siebeneichen auf in der Absicht, in Meißen Dr. Karl Weigel, einen Anhänger Browns, zu konsultieren. Um den 20. Oktober traf man in Dresden ein, um dort weitere Ärzte aufzusuchen.

Die nach Dresden gerufenen Eltern mußten jedoch feststellen, daß der Gesundheitszustand ihres ältesten Sohns sich trotz verzweifelten Aufbäumens rapide verschlechterte. Am 6. Dezember erreichte Friedrich von Hardenberg noch die Ernennung zum »Supernumerar-Amtshauptmann« im thüringischen Kreise, ein Amt, das er nicht mehr wahrnehmen konnte.

Im Januar 1801 drängte der Vater auf eine Rückkehr des Sohns nach Weißenfels, wo Friedrich am 24. Januar in Begleitung seiner Braut eintraf. »Die üblen Anzeichen vermehren sich und die Kräfte sinken«, schreibt der Bruder Carl Mitte Februar. Am 23. März besuchte Friedrich Schlegel seinen todkranken

---

Er wollte nicht sofort nach Hause gehen, sondern wanderte ein Stück aus der Stadt hinaus und ging auf den Kirchhof, den er gut kannte. Inzwischen war der Spätnachmittag dem Ende nah, ein zartes Blau über lichtem Gelb in der leuchtenden Klarheit des nördlichen Himmels, dessen Durchsichtigkeit sich steigerte, als wolle sie in Offenbarung enden.
*Novalis' Gang über den Weißenfelser Kirchhof
aus Penelope Fitzgeralds Roman ›Die blaue Blume‹, 1999*

Freund. Zwei Tage später, am 25. März, heißt es im Tagebuch Carls: »Fritz hat leidlich geschlafen, war aber sehr ermattet. Um acht Uhr kam der Doktor und versicherte, daß heut sein Lebensende sein könnte ... Jetzt um ½11 Uhr schläft er tief, röchelt und der Atem setzt ganze Züge aus, er erwacht nur auf Augenblicke und spricht recht irre; nur manchmal ist er bei sich, aber überaus ruhig und dem Anscheine nach ganz ohne Schmerzen ... Um ½1 Uhr starb er sanft und ohne alle Bewegung.« Beigesetzt wurde Friedrich von Hardenberg, der in das Bewußtsein der Nachwelt als der Dichter Novalis eingegangen ist, auf dem alten Nikolaifriedhof, dem heutigen Stadtgarten von Weißenfels.

79 Novalis-Büste im Stadtgarten von Weißenfels. Der Bildhauer Schaper fertigte eine zweite Büste, nachdem die erste von 1872 der Witterung nicht standgehalten hatte

Kaum ein anderer Dichter ist wie Novalis seit seinem schweren kindlichen Leiden bis zum Ausbruch der tödlichen Krankheit so intensiv mit dem Tod umgegangen. Kaum ein anderer hat wie er die tödliche Infragestellung des Menschen, seiner Hoffnungen, seines Glücksverlangens und seiner

80 Ludwig Tieck und Friedrich Schlegel gaben 1802 Novalis' Schriften in zwei Bänden heraus. Titelseite der dritten Auflage von 1815, Kupferstich von C. Rahl. »Er sah nichts als die blaue Blume und betrachtete sie lange mit unnennbarer Zärtlichkeit.« (›Heinrich von Ofterdingen‹, erster Teil)

Wünsche empfunden. Kaum ein anderer hat den Menschen so fundamental von seiner Sterblichkeit her begriffen. Der Tod war der ständige Begleiter und die Herausforderung seines Lebens, die Quelle seines Denkens und Dichtens, seiner ihm eigentümlichen Kreativität. Auf die Gewißheit, sterben zu müssen, auf die Angst vor der endgültigen Auslöschung antwortete er mit der Vergewisserung und den Hoffnungen geistigen Schaffens. Angesichts der unausweichlichen Niederlage des Menschen vertraute er unerschütterlich auf den endlichen Triumph des Schöpferischen über die Zerstörung. Die Destruktion vor Augen, entwarf der Geist Visionen des Konstruktiven.

Das Leiden des Menschen, seine Vernichtungs- und Todesängste erwachsen für Novalis aus seiner Individuation und Isolation. Nur in der Liebe zum Du, in der innigen Zuneigung zu einer als beseelt empfundenen Natur wird er des Lebens inne, des paradiesischen Zustands, aus dem ihn der Geist entzweienden Denkens vertrieben hat und der allein durch den harmoniestiftenden Geist der Poesie wiederzugewinnen ist.

Im Kreis von Vergangenheit und Zukunft, Erinnerung und Ahnung sind Gegenwart und Todeserfahrung überwunden. Offenbar wird die innige Verwandtschaft jedes mit jedem, da alles aus dem gleichen göttlichen Ursprung fließt. Eros ist der Leitstern des Menschen, die Liebe zum anderen und zur Natur, die Zuneigung zum Du und das Verstehen des Lebens wie das Streben nach Selbstvollendung und Unsterblichkeit. Nicht in der Vereinzelung, im Getto des Ichs, in der Erstarrung einer prosaischen, durch den Verstand verkürz-

81 Titelseite des zweiten Teils, dritte Auflage, 1815, Kupferstich von C. Rahl. »Da drang durch die Äste ein langer Strahl zu seinen Augen und er sah durch den Strahl in eine ferne, kleine, wundersame Herrlichkeit hinein.« ›Heinrich von Ofterdingen‹, zweiter Teil)

ten Welt findet der Mensch zu sich selbst, sondern allein in der Öffnung zur Gemeinschaft und zum Ganzen.

Novalis' Botschaft ist die Apotheose des Menschen, der des Ganzen, das in ihm wirksam ist, wieder inne wird und sich nach Abstreifen seiner sterblichen, defizitären Existenz vollendet in der Totalität des unsterblichen Lebens. Magischer Idealismus verwandelt die Wirklichkeit des endlichen Menschen in die Utopie seiner Vollendung. Novalis gibt den Menschen nicht auf, sondern macht ihm Mut, indem er die menschliche Erbärmlichkeit als schöpferischen Impuls begreift, ein der Verzweiflung abgerungenes, poetisch beglaubigtes Reich der Erlösung zu schaffen. Überzeugenden Ausdruck hat die dichterische Botschaft noch einmal im ›Lied der Toten‹ gefunden, dem letzten großen, im Sommer 1800 entstandenen Gedicht.

Zauber der Erinnerungen,
Heilger Wehmut süße Schauer
Haben innig uns durchklungen
Kühlen unsre Glut.
Wunden gibts, die ewig schmerzen
Eine göttlich tiefe Trauer
Wohnt in unser aller Herzen
Löst uns auf in Eine Flut.

Und in dieser Flut ergießen
Wir uns auf geheime Weise
In den Ozean des Lebens
Tief in Gott hinein.
Und aus seinem Herzen fließen
Wir zurück zu unserm Kreise
Und der Geist des höchsten Strebens
Taucht in unsre Wirbel ein.

...

Helft uns nur den Erdgeist binden
Lernt den Sinn des Todes fassen
Und das Wort des Lebens finden;
Einmal kehrt euch um.
Deine Macht muß bald verschwinden,
Dein erborgtes Licht verblassen,
Werden dich in kurzen binden
Erdgeist, deine Zeit ist um.

›Lied der Toten‹, 1800

Zeittafel

1772 2. Mai: Georg Philipp Friedrich von Hardenberg in Oberwiederstedt als Sohn von Auguste Bernhardine, geb. von Bölzig, und Heinrich Ulrich Erasmus von Hardenberg geboren
1780 Erkrankt an der Ruhr
1783 Besucht seinen Onkel Gottlob Friedrich Wilhelm von Hardenberg auf Schloß Lucklum
1785 Die Familie siedelt von Oberwiederstedt nach Weißenfels um, nachdem der Vater zum Direktor der kursächsischen Salinen in Artern, Dürrenberg und Kösen ernannt wurde. Friedrich besucht die Lateinschule in Weißenfels.
1788 Erste Gedichte
1789 Trifft in Langendorf bei Weißenfels Gottfried August Bürger
1790 Besucht zwischen Juni und Oktober das Luther-Gymnasium in Eisleben. Am 23. Oktober Immatrikulation an der Universität in Jena für das Studium der Jurisprudenz
1791 Lernt in Jena Friedrich Schiller kennen. Erste Gedichtveröffentlichung ›Klagen eines Jünglings‹ im ›Neuen Teutschen Merkur‹. Am 24. Oktober Immatrikulation an der Universität in Leipzig für das Studium der Jurisprudenz und der Philologie
1792 Begegnet im Januar in Leipzig Friedrich Schlegel zum ersten Mal. Beginn einer lebenslangen Freundschaft
1793 Im Mai Wechsel an die Universität in Wittenberg. Konzentriert sich auf das Studium der Rechtswissenschaft
1794 Besteht am 14. Juni das juristische Examen in Wittenberg. Danach bis zum 1. Oktober in Weißenfels. Tritt am 8. November den Dienst eines Aktuarius beim Kreisamt in Tennstedt an. Begegnet im nahegelegenen Grüningen am 17. November zum ersten Mal Sophie von Kühn.
1795 Am 15. März inoffizielle Verlobung mit Sophie. Trifft im Sommer Hölderlin und Fichte in Jena. Beginn der ›Fichte-Studien‹ im Herbst. Sophie erkrankt im November. Am 30. Dezember Akzessist bei der Salinendirektion in Weißenfels
1796 Nimmt nach vierzehntägigem Chemiekurs in Langensalza Arbeit in Weißenfels auf. Sophie am 5. Juli in Jena zum ersten Mal operiert. Kehrt im Dezember nach Grüningen zurück.
1797 Besucht zum letzten Mal seine Verlobte in Grüningen zwischen dem 1. und 10. März. Am 19. März Tod Sophie von Kühns. Am 14. April Tod des Bruders Erasmus. Im Sommer Begegnung mit August Wilhelm Schlegel in Jena. Lernt am 1. Dezember in Leipzig Friedrich Wilhelm Schelling kennen. Nimmt dann geologische und naturwissenschaftliche Studien in Freiberg auf.
1798 Knüpft Beziehungen mit Abraham Gottlob Werner und dem Haus Charpentier. Besucht am 29. März mit A. W. Schlegel Goethe und Schiller in Jena. Im April erstes Heft des ›Athenäums‹ mit ›Blütenstaub‹ unter dem Pseudonym »Novalis«. Zwischen Juni und Juli erscheinen mit ›Glauben und Liebe‹ weitere Aphorismen. Arbeitet an den ›Lehrlingen zu Sais‹. Zwischen dem 15. Juli und Mitte August zur Kur in Teplitz. Besucht zusammen mit Schelling, den Brüdern Schlegel u. a. am 25./26. August die Gemäldegalerie in Dresden. Trifft im Oktober Jean Paul in Leipzig. Verlobt sich im Dezember mit Julie von Charpentier
1799 Begleitet zwischen dem 20. Mai und dem 15. Juni Wilhelm von Oppel als Protokollant bei der Inspektion der Salinen. Begegnet am 17. Juli Ludwig Tieck in Jena und freundet sich mit ihm an. In Weimar am 21. Juli zu einem zweiten Besuch bei Goethe. Einige ›Geistliche Lieder‹ und der Essay ›Die Christenheit oder Europa‹ entstehen. Am 11.–14. November mit den Brüdern Schlegel, Tieck u. a. das sog. Romantikertreffen in Jena. Beginnt Ende November in Artern seinen Roman ›Heinrich von Ofterdingen‹.
1800 Studiert das Werk Jakob Böhmes. Erkundet im Juni die Braunkohlevorkommen zwischen Zeitz, Borna und Leipzig. Am 20.– 22. Juli Tieck in Weißenfels. Im Sommer entsteht das ›Lied der Toten‹. Die ›Hymnen an die Nacht‹ erscheinen im 6. Heft des ›Athenäums‹. Am 6. Dezember Ernennung zum Supernumerar-Amtshauptmann des thüringischen Kreises.
1801 Gesundheitszustand verschlechtert sich rapide. Friedrich Schlegel am 23. März in Weißenfels. Friedrich von Hardenberg stirbt am 25. März im elterlichen Haus an Lungentuberkulose.

Bibliographie

Werke
Schriften. Hg. v. Friedrich Schlegel und Ludwig Tieck. 2 Tle. Berlin 1802, ²1805, ³1815, verm. Aufl. ⁴1826
Schriften. Im Verein mit Richard Samuel hg. v. Paul Kluckhohn. Nach den Hs. erg. und neu geord. Ausg. 4 Bde. Leipzig 1929
Schriften. Die Werke Friedrich von Hardenbergs. Hg. v. Paul Kluckhohn und Richard Samuel., 2. nach den Hs. erg., erw. und verb. Aufl. in 4 Bdn. und 1 Begl.-Bd. Stuttgart 1960ff.
Maßgebliche historisch-kritische Ausgabe
Werke, Tagebücher und Briefe Friedrich von Hardenbergs. Hg. v. Hans-Joachim Mähl und Richard Samuel.
Bd. 1: Das dichterische Werk, Tagebücher und Briefe. Hg. v. Richard Samuel. München/Wien 1978
Bd. 2: Das philosophisch-theoretische Werk. Hg. v. Hans-Joachim Mähl. München/Wien 1978
Bd. 3: Kommentar. Von Hans Jürgen Balmes. München/Wien 1987
Wichtige Ergänzung zum Kommentar der HKA (zitierte Ausgabe)
Werke in einem Band. Hg. v. Hans-Joachim Mähl und Richard Samuel. Komm. v. Hans-Joachim Simm unter Mitw. v. Agathe Jais. München/Wien 1981. Taschenbuchausgabe der 3. Aufl. 1984: München 1995

Bibliographie
Uerlings, Herbert: Friedrich von Hardenberg, gen. Novalis. Werk und Forschung. Stuttgart 1991

Allgemeine Darstellungen zu Leben und Werk
Albertsen, Leif Ludwig: Novalismus. In: Germanisch-Romanische Monatsschrift 48 (1967). S. 272–285
Frank, Manfred: Die Philosophie des sogenannten »magischen Idealismus«. In: Euphorion 63 (1969). S. 88–116
»Intellektuelle Anschauung«. Drei Stellungnahmen zu einem Deutungsversuch von Selbstbewußtsein: Kant, Fichte, Hölderlin, Novalis. In: Die Aktualität der Frühromantik. Hg v Ernst Behler und Jochen Hörisch. Paderborn/München/Wien/Zürich 1987. S. 96–126
Hörisch, Jochen: Die fröhliche Wissenschaft von der Poesie. Der Universalitätsanspruch von Dichtung in der frühromantischen Poetologie. Frankfurt a. M. 1976
Kasperowoski, Ira: Mittelalterrezeption im Werk des Novalis. Tübingen 1994
Mähl, Hans-Joachim: Die Idee des goldenen Zeitalters im Werk des Novalis. Studien zur Wesensbestimmung der frühromantischen Utopie und zu ihren ideengeschichtlichen Voraussetzungen. Heidelberg 1965. 2. Aufl. Tübingen 1994
ders.: Utopie und Geschichte in Novalis' Rede ›Die Christenheit oder Europa‹. In: Aurora 52 (1992). S. 1–16
Neumann, Gerhard: Ideenparadiese. Untersuchungen zur Aphoristik von Lichtenberg, Novalis, Friedrich Schlegel und Goethe. München 1976
Paschek, Carl: Der Einfluß Jakob Böhmes auf das Werk Friedrich von Hardenbergs (Novalis). Bonn 1966
Samuel, Richard: Die poetische Staats- und Geschichtsauffassung Friedrich von Hardenbergs (Novalis). Studien zur romantischen Geschichtsphilosophie. Frankfurt a. M. 1925
Strack, Friedrich: Im Schatten der Neugier. Christliche Tradition und kritische Philosophie im Werk Friedrich von Hardenbergs. Tübingen 1982
Uerlings, Herbert: Novalis und die Weimarer Klassik. In: Aurora 50 (1990). S. 27–46
ders.: Novalis in Freiberg. Die Romantisierung des Bergbaus – Mit einem Blick auf Tiecks Runenberg und E. T. A. Hoffmanns Bergwerk von Falun. In: Aurora 56 (1996). S. 57–77
ders.: Novalis. Stuttgart 1998

Zur Lyrik
Gardiner, Janet: Novalis. Das Gedicht. In: Jahrbuch des Freien deutschen Hochstifts 1974. S. 209–234
Kudszus, Winfried: Geschichtsverlust und Sprachproblematik in den ›Hymnen an die Nacht‹. In: Euphorion 65 (1971). S. 298–311
Pfaff, Peter: Geschichte und Dichtung in den ›Hymnen an die Nacht‹ des Novalis. In: Text & Kontext 8 (1980). S. 88–106
Ritter, Heinz: Novalis' ›Hymnen an die Nacht‹. Ihre Deutung nach Inhalt und Aufbau auf textkritischer Grundlage.

Heidelberg 1930. 2., wesentlich erw.
Aufl. mit dem Faks. der Hymnen-Hs.
Heidelberg 1974
Schrimpf, Hans Joachim: Novalis' ›Das Lied der Toten‹. In: Die deutsche Lyrik. Form und Geschichte. Hg. v. Benno von Wiese. Bd. 1. Düsseldorf 1956. S. 414–429
Schulz, Gerhard: »Potenzierte Poesie«. Zu Friedrich von Hardenbergs Gedicht ›An Tieck‹. In: Gedichte und Interpretationen. Bd. 3: Klassik und Romantik. Hg. v. Wulf Segebrecht. Stuttgart 1984. S. 245–255
Seidel, Margot: Novalis' ›Geistliche Lieder‹. Frankfurt a. M./Bern/Nancy/New York 1983
Uerlings, Herbert: Spee-Schiller-Novalis. Frühromantische Religiosität in der Lyrik Friedrich von Hardenbergs. In: Von Spee zu Eichendorff. Zur Wirkungsgeschichte eines rheinischen Barockdichters. Hg. v. Eckhard Grunewald und Nikolaus Gussone. Berlin 1991. S. 37–60

Zur Prosa

Esselborn, Hans: Poetisierte Physik. Romantische Mythologie in Klingsohrs Märchen. In: Aurora 47 (1987). S. 137–158
Kreuzer, Ingrid: Novalis' ›Die Lehrlinge zu Sais‹. Fragen zur Struktur, Gattung und immanenten Ästhetik. In: Jahrbuch der Deutschen Schiller-Gesellschaft 23 (1979). S. 276–308
Leusing, Reinhard: Die Stimme als Erkenntnisform – Zu Novalis' Roman ›Die Lehrlinge zu Sais‹. Stuttgart 1993
Pfaff, Peter: Natur-Poesie. Zu den ›Lehrlingen zu Sais‹ des Novalis. In: Was aber bleibet stiften die Dichter? Zur Dichter-Theologie der Goethezeit. Hg. v. Gerhard vom Hofe, Peter Pfaff, Hermann Timm. München 1987. S. 89–103
Pfotenhauer, Helmut: Aspekte der Modernität bei Novalis. Überlegungen zu Erzählformen des 19. Jahrhunderts, ausgehend von Hardenbergs Heinrich von Ofterdingen. In: Der deutsche Roman. Struktur und Geschichte. Hg. v. Dieter Bänsch. Stuttgart 1977. S. 111–142
Samuel, Richard: Novalis. ›Heinrich von Ofterdingen‹. In: Der deutsche Roman. Struktur und Geschichte. Hg. v. Benno von Wiese. Bd. 1. Düsseldorf 1963. S. 252–300
Schulz, Gerhard: Die Poetik des Romans bei Novalis. In: Jahrbuch des Freien deutschen Hochstifts 1964. S. 120–157
Schulz, Gerhard: Novalis: Heinrich von Ofterdingen. In: Romane des 19. Jahrhunderts. Interpretationen. Stuttgart 1992. S. 109–143
Schumacher, Hans: Narziß an der Quelle. Das romantische Kunstmärchen. Geschichte und Interpretationen. Wiesbaden 1977
Stadler, Ulrich: Novalis: ›Heinrich von Ofterdingen‹ (1802). In: Romane und Erzählungen der deutschen Romantik. Neue Interpretationen. Hg. v. Paul Michael Lützeler. Stuttgart 1981. S. 141–162
Vietor, Sophia: Das Wunderbare in den Märchen von Goethe und Novalis. Halle/Zürich 1955
Wetzel, Walter D.: Klingsohrs Märchen als Science-Fiction. In: Monatshefte 65 (1973). S. 167–175

Bildnachweis

AKG, Berlin 19, 52, 55, 61, 72 / Bildarchiv Preußischer Kulturbesitz, Berlin 29, 60 / Jutta Brüdern, Braunschweig 6, 7 / Deutsche Fotothek, Dresden 45 / Schiller-Nationalmuseum / Deutsches Literaturarchiv, Marbach 17 / Forschungsstätte für Frühromantik und Novalis-Museum, Schloß Oberwiederstedt 1, 4, 5, 24, 25, 46, 51, 69, 74 / Foto Halecker-Greußen (Thüringen) 43 / Gemäldegalerie Dresden 50 / Goethe-Nationalmuseum, Weimar 3 / Dieter Goltzsche © VG Bild-Kunst, Bonn 78 / E. Hüter, Nörten-Hardenberg 2 / Kupferstichkabinett, Berlin 21 / Landratsamt Weißenfels 8 / Peter Lindner, Eisleben 10 / Medienzentrum der Bergakademie Freiberg 47, 48, 59 / Museum Weißenfels 9, 15, 32, 33, 34, 79 / Museum der Westlausitz, Kamenz 67 / August Ohm © VG Bild-Kunst, Bonn 68, 71 / Schloß Schlöben, Bürgerm. Perschke 64 / Stadtarchiv Bad Tennstedt 30 / Stadtmuseum Göttingen 11 / Stiftung Weimarer Klassik 41 / Universität Jena 14, 18, 22, 40 / Universitätsbibliothek Basel 76

Die Rechte der hier nicht aufgeführten Abbildungen liegen beim Herausgeber oder konnten nicht ausfindig gemacht werden. Berechtigte Ansprüche werden selbstverständlich angemessen abgeglichen.

Personenregister

Arnim, Achim von 107
Arnim, Bettine von 139
Bach, Johann Sebastian 14, 28
Böhme, Jakob 14, 116ff., 129
Böttiger, Karl August 91
Brentano, Clemens 107, 125, 139
Brown, John 151f.
Bürger, Gottfried August 16f., 17, 20, 24
Charpentier, Johann Friedrich Wilhelm von 79
Charpentier, Julie von 79f., 150, 152
Claudius, Matthias 9, 18, 21
Droste-Hülshoff, Annette von 123
Eichendorff, Joseph von 106, 125, 150
Eisenstuck, Julie 32
Fichte, Johann Gottlieb 51–56, 70, 84, 107, 130, 136f., 148
Fitzgerald, Penelope 152
Friedrich Wilhelm III. von Preußen 91f., 94
Funk, Karl Wilhelm 141f.
Geibel, Emanuel 114f.
Gellert, Christian Fürchtegott 28, 126
Goethe, Johann Wolfgang von 16, 22, 28, 63, 71, 74, 76, 90, 106f., 113, 140, 144, 148f.
Hardenberg, Auguste Bernhardine von, geb. von Bölzig (Mutter) 8ff., 13, 37, 107, 152
Hardenberg, Bernhard von (Bruder) 107, 151
Hardenberg, Carl von (Bruder) 15, 41ff., 48, 69, 107, 152f.
Hardenberg, Caroline von (Schwester) 107ff.
Hardenberg, Christoph Wilhelm Anton Erasmus von (Bruder) 36f., 42, 47f., 59, 61f., 66, 151
Hardenberg, Georg Philipp Friedrich von d. i. Novalis
Hardenberg, Gottlob Friedrich Wilhelm von (Onkel) 12f., 20, 48
Hardenberg, Heinrich Ulrich Erasmus von (Vater) 8–14, 20f., 26, 31–34, 36f., 43, 56f., 63, 74f., 102, 114, 127, 152
Hardenberg, Karl August von 8, 43f.
Hardenberg, Sophie von (Schwester) 127
Heine, Heinrich 52f., 66
Hemsterhuis, Franz 38, 72f.
Herder, Johann Gottfried 87, 105f.
Heynitz, Friedrich Anton von 73
Hölderlin, Friedrich 51f., 83
Hoffmann, E. T. A. 141
Hölty, Christoph Ludwig 16, 18, 83
Humboldt, Alexander von 74
Jean Paul 69, 78, 107, 113
Just, Caroline 44, 47, 58, 66f., 79
Just, Coelestin August 43ff., 58, 66f., 78f., 94, 115
Just, Rahel 78f., 103

Kant, Immanuel 52, 86
Klopstock, Friedrich Gottlieb 16f., 21, 83, 126
Kühn, Sophie von 46–51, 54, 56f., 60–65, 67f., 70, 78, 89, 109, 121, 124, 151f.
Lessing, Gotthold Ephraim 16, 87
Luise von Preußen 91f.
Mandelsloh, Friedericke von 63
Manteuffel, Edwin von 77
Manteuffel, Ernst Friedrich Adam von 78
Manteuffel, Hans Carl Erdmann von 77
Manteuffel, Johanna von, geb. von Wagner 78f.
Niethammer, Friedrich Immanuel 51
Oppel, Wilhelm von 73f.102ff., 114f., 150
Paracelsus, Theophrastus 99
Ramler, Karl Wilhelm 16
Rechenberg, Friedrich von 107ff.
Reichardt, Johann Friedrich 106
Reinhold, Carl Leonhard 21f., 25f., 51
Ritter, Johann Wilhelm 110f.
Rockenthien, Johann Rudolf von 46
Rockenthien, Sophie Wilhelmine von, verw. von Kühn 46, 63
Schelling, Friedrich Wilhelm 71f., 77, 107, 110, 112f.
Schiller, Friedrich 16, 21–26, 62, 71, 76, 106, 113, 130–133, 139,
Schlegel, August Wilhelm 19f., 29, 31, 70f., 74, 76f., 85ff., 106, 110, 112f.
Schlegel, Caroline 70, 110, 113
Schlegel, Friedrich 29–32, 37ff., 44, 52f., 55f., 59, 63, 65, 67, 70f., 73, 75, 77, 80, 86f., 91, 94, 108, 110, 112f., 115, 126, 140, 148, 152f.
Schlegel, Johann Elias 29f.
Schleiermacher, Friedrich Ernst Daniel 86, 107ff., 127
Spee, Friedrich 128
Staël-Holstein, Anne Louise Germaine de 85
Stark, Johann Christian 62f., 152
Steffens, Henrik 28, 107
Thielmann, Johann Adolf von 79
Thielmann, Wilhelmine von 79
Thümmel, Wilhelmine von 62f., 67
Tieck, Ludwig 10, 20, 104–107, 110, 112f., 115f., 126, 130, 136, 140f., 148, 151, 153
Veit, Dorothea 110, 113
Vergil 16, 72
Wackenroder, Wilhelm Heinrich 104, 107, 132, 141
Werner, Abraham Gottlob 74f., 150
Wieland, Christoph Martin 16, 91
Woltmann, Karl Ludwig 63, 65ff.
Zinzendorf, Nikolaus Ludwig von 126f.

dtv portrait

Herausgegeben von Martin Sulzer-Reichel
Originalausgaben

Biographien bedeutender Frauen und Männer aus Geschichte, Literatur, Philosophie, Kunst und Musik

Hannah Arendt. Von Ingeborg Gleichauf. dtv 31029
Johann Sebastian Bach. Von Malte Korff. dtv 31030
Thomas Bernhard. Von Joachim Hoell. dtv 31041
Hildegard von Bingen. Von Michaela Diers. dtv 31008
Otto von Bismarck. Von Theo Schwarzmüller. dtv 31000
Die Geschwister Brontë. Von Sally Schreiber. dtv 31012
Giordano Bruno. Von Gerhard Wehr. dtv 31025
Georg Büchner. Von Jürgen Seidel. dtv 31001
Frédéric Chopin. Von Johannes Jansen. dtv 31022
Joseph Conrad. Von Renate Wiggershaus. dtv 31034
Hedwig Courths-Mahler. Von Andreas Graf. dtv 31035
Annette von Droste-Hülshoff. Von Winfried Freund. dtv 31002
Elisabeth von Österreich. Von Martha Schad. dtv 31006
Theodor Fontane. Von Cord Beintmann. dtv 31003
Sigmund Freud. Von Peter Schneider. dtv 31021
Friedrich II. von Hohenstaufen. Von Ekkehart Rotter. dtv 31040
Johann Wolfgang von Goethe. Von Anja Höfer. dtv 31015
Jimi Hendrix. Von Corinne Ullrich. dtv 31037
Alfred Hitchcock. Von Enno Patalas. dtv 31020
Jesus von Nazaret. Von Dorothee Sölle und Luise Schottroff. dtv 31026
Immanuel Kant. Von Wolfgang Schlüter. dtv 31014
Erich Kästner. Von Isa Schikorsky. dtv 31011
Heinrich von Kleist. Von Peter Staengle. dtv 31009
John Lennon. Von Corinne Ullrich. dtv 31036
Ludwig II. Von Martha Schad. dtv 31033
Stéphane Mallarmé. Von Hans Therre. dtv 31007
Klaus Mann. Von Armin Strohmeyr. dtv 31031
Maria Theresia. Von Edwin Dillmann. dtv 31028
Nostradamus. Von Frank Rainer Scheck. dtv 31024
Edgar Allan Poe. Von Frank Zumbach. dtv 31017
Rainer Maria Rilke. Von Stefan Schank. dtv 31005
Sokrates. Von Eva-Maria Kaufmann. dtv 31027
John Steinbeck. Von Annette Pehnt. dtv 31010
Johan August Strindberg. Von Rüdiger Bernhardt. dtv 31013
Guiseppe Verdi. Von Johannes Jansen. dtv 31042
Oscar Wilde. Von Jörg W. Rademacher. dtv 31038